Wie Ehrgeiz zum Erfolg führt

Dr. Orison Swett Marden war ein inspirierender amerikanischer Autor, der über das Erreichen von Erfolg im Leben schrieb und die Zeitschrift SUCCESS gründete. In seinen Schriften erörtert er Prinzipien und Tugenden des **gesunden Menschenverstandes**, die ein abgerundetes, erfolgreiches Leben ermöglichen. Viele seiner Ideen basieren auf der Philosophie des Neuen Denkens. Sein erstes Buch, *Pushing to the Front,* wurde sofort ein Bestseller. Später veröffentlichte Marden fünfzig oder mehr Bücher und Broschüren, im Durchschnitt zwei Titel pro Jahr.

Über das Buch:

Was immer uns im Leben begegnet, erschaffen wir zuerst in unserer Mentalität. So wie das Gebäude in all seinen Details im Geist des Architekten Realität ist, bevor ein Stein oder Ziegelstein gelegt wird, so erschaffen wir im Geist alles, was später in unserer Leistung Realität wird. Unsere Herzenssehnsüchte, unsere seelischen Sehnsüchte sind mehr als bloße Ausgeburten der Phantasie. Sie sind Prophezeiungen, Vorhersagen, Boten, Vorboten von Dingen, die Wirklichkeit werden können.

Ehrgeiz ist der Ansporn, der den Menschen mit dem Schicksal ringen lässt, um seine Sehnsüchte zu realisieren: Er ist der himmlische Ansporn, das Ziel groß und die Leistung größer zu machen.

Lassen Sie sich darauf ein und lesen Sie, wie Ihnen Ehrgeiz hilft.

WIE EHRGEIZ ZUM ERFOLG FÜHRT

und zu einem höheren Ziel im Leben

Von
ORISON SWETT MARDEN

Neu-Übersetzung

Die Blaue Edition Bd. XI

Bibliografische Information der Deutschen Nationalbibliothek:
Die Deutsche Nationalbibliothek verzeichnet diese Publikation in der
Deutschen Nationalbibliografie; detaillierte bibliografische Daten
sind im Internet über dnb.dnb.de abrufbar

Neuübersetzung
Herstellung und Verlag: BoD – Books on Demand, Norderstedt

ISBN:978-3-7557-5879-2

Inhaltsverzeichnis

KAPITEL I: WAS IST EHRGEIZ?

"Ehrgeiz ist der Ansporn, der den Menschen mit dem Schicksal ringen lässt: Er ist der himmlische Ansporn, das Ziel groß und die Leistung größer zu machen."

In einer Fabrik, in der Kompasse für Seeleute hergestellt werden, liegen die Nadeln, bevor sie magnetisiert werden, in jeder beliebigen Position, wo auch immer sie platziert werden, aber von dem Moment an, in dem sie von dem mächtigen Magneten berührt und elektrisiert wurden, sind sie nie wieder dieselben. Sie haben eine geheimnisvolle Kraft angenommen und sind neue Geschöpfe. Bevor sie magnetisiert werden, antworten sie nicht auf den Ruf des Nordsterns, der Magnetpol hat keine Wirkung auf sie, aber in dem Moment, in dem sie magnetisiert werden, schwingen sie zum magnetischen Norden und sind danach immer loyal und ihrer Affinität treu.

Wie eine nicht magnetisierte Nadel liegen Scharen von Menschen bewegungslos da, unempfänglich für jeden Anreiz, bis sie von dieser geheimnisvollen Kraft, die wir Ehrgeiz nennen, berührt werden.

Woher kommt dieser übermächtige Impuls, der die Menschen antreibt, jeder zu seinem individuellen Ziel? Wo liegt die Quelle des Ehrgeizes, und wie und wann hält er Einzug in unser Leben?

Wie wenige von uns halten jemals inne, um darüber nachzudenken, was Ehrgeiz wirklich bedeutet, was seine Ursache oder seine Bedeutung ist! Doch wenn wir erklären könnten, was Ehrgeiz ist, könnten wir das Geheimnis des Universums erklären. Der instinktive Impuls, immer weiter nach oben zu streben, ist das Merkwürdigste und Interessanteste im menschlichen Leben. Er existiert in jedem normalen Menschen und ist genauso ausgeprägt und real wie der Selbsterhaltungstrieb.

Ich glaube, dass dieses unaufhörliche innere Drängen, nennen wir es Ehrgeiz oder wie auch immer, dieses Etwas, das die Menschen zu ihrem Ziel treibt, im Menschen der Ausdruck der universellen Kraft der Evolution ist, die von höchster Stelle ausgeht, dass es ein Teil des großen kosmischen Plans ist. Wir erschaffen diesen Drang nicht, wir stellen ihn nicht her . Jeder normale Mensch spürt diesen zwingenden Wahn, der hinter dem Fleisch steht, aber nicht von ihm kommt, diesen inneren Drang, der uns immer weiter treibt, selbst um den Preis unseres Unbehagens und unserer Opferbereitschaft.

Es ist ein Teil jedes Atoms, denn alle Atome sind lebendig, und dieser Aufwärtsimpuls ist in jedem von ihnen. Er steckt im Instinkt der Biene, der Ameise und in allen Formen des Insekten- und Tierlebens.

Dieselbe Art von Drang, der in dem Samen steckt, der außer Sichtweite vergraben ist und der ihn immer wieder durch den Boden nach oben und nach außen treibt und ihn dazu antreibt, sich bis zum Äußersten zu entwickeln und der Welt seine Schönheit und seinen Duft zu schenken, steckt in jedem von uns. Sie drängt uns ständig, drängt uns zu einem volleren und vollständigeren Ausdruck, zu einem größeren, schöneren Leben.

Ohne diesen Wunsch, weiterzukommen und aufzustehen, diesen inneren Drang, würde alles, sogar das Universum selbst, zusammenbrechen. Die Trägheit würde alles zum Stillstand bringen.

Wenn wir diesem Ruf gehorchen, dehnen wir uns aus, erblühen zu Schönheit und entwickeln uns zu Früchten, aber wenn wir ihn vernachlässigen oder zerstreuen, wenn wir ihm nur halb gehorchen, bleiben wir bloße Buschpflanzen, ohne Blüte oder Frucht.

Dieser geheimnisvolle Drang in uns lässt uns nie zur Ruhe kommen, sondern treibt uns immer wieder an, denn es gibt keine Grenze für das menschliche Wachstum, es gibt kein befriedigendes menschliches Streben - das höhere Streben des Menschen. Wenn wir die Höhe erreicht haben, die von unten so verlockend aussieht, stellen wir fest, dass unsere neue Position genauso unbefriedigend ist wie die alte, und ein ständiger Ruf nach Höherem klingt in unseren Ohren. Ein genetischer Impuls drängt uns ständig dazu, unser höchstes Ideal zu erreichen.

"Das Vertrauen und das Ideal sind nach wie vor die mächtigsten Hebel des Fortschritts und des Glücks", sagt Jean Finot.

"Haben Sie jemals von einem Mann gehört, der sein ganzes Leben lang treu und einsam nach einem Ziel gestrebt hat", fragte Thoreau, "und es in keiner Weise erreicht hat? Wenn ein Mann ständig danach strebt, ist er dann nicht erhaben? Hat jemals ein Mensch Heldentum, Großmut, Wahrheit, Aufrichtigkeit versucht und festgestellt, dass es keinen Vorteil brachte, dass es ein vergebliches Bemühen war?"

Das Streben wird schließlich zur Inspiration und veredelt das ganze Leben.

Wenn sich die allgemeine Gewohnheit herausgebildet hat, immer nach etwas Höherem und Besserem zu streben, werden alle unerwünschten Eigenschaften und lasterhaften Gewohnheiten verschwinden; sie werden aus Mangel an Nahrung sterben. In unserer Natur wachsen nur die Dinge, die genährt werden. Der schnellste Weg, sie zu töten, ist, ihnen die Nahrung zu entziehen.

Das Verlangen nach etwas Höherem und Besserem ist das bestmögliche Gegenmittel oder Heilmittel für die niederen Tendenzen, die man loswerden möchte.

Jede kleinste Sehnsucht, die in unserem Herzen aufkeimt, ist eine himmlische Saat in uns, die wachsen und sich zu reicher

Schönheit entwickeln wird, wenn man sie nur nährt und fördert. Die besseren Dinge wachsen weder auf materiellem noch auf geistigem Boden, wenn sie nicht gepflegt und genährt werden. Nur Unkraut, Gestrüpp und schädliche Pflanzen gedeihen leicht.

Die meisten jungen Menschen scheinen zu denken, dass Ehrgeiz eine Eigenschaft ist, die einem in die Wiege gelegt wird und die man nicht materiell ändern kann, aber der größte Ehrgeiz kann auf viele verschiedene Arten materiell verletzt werden. Die Angewohnheit des Zauderns, des Aufschiebens, die Angewohnheit, sich die leichteren Aufgaben herauszusuchen und die schwierigen aufzuschieben, wird den Ehrgeiz zum Beispiel sehr stark beeinträchtigen. Was immer die Ideale beeinträchtigt, beeinträchtigt auch den Ehrgeiz.

Der Ehrgeiz beginnt oft schon sehr früh, um Anerkennung zu werben. Wenn wir nicht auf seine Stimme hören, wenn er nicht ermutigt wird, nachdem er jahrelang an uns appelliert hat, hört er allmählich auf, uns zu stören, denn wie jede andere ungenutzte Eigenschaft oder Funktion verschlechtert er sich oder verschwindet, wenn er nicht genutzt wird.

Jedem erschaffenen Ding flüstert es ins Ohr: "Sieh auf!" Jedes empfindungsfähige Wesen im Universum scheint zu versuchen, eine höhere Ebene zu erreichen. Alles befindet sich in einem Evolutionsprozess, und die Entwicklung geht immer aufwärts. Der Schmetterling wird nicht zu einer Larve. Das ist nicht das Gesetz der Evolution. Die Larve entwickelt sich zum Schmetterling. Es ist niemals andersherum.

Seien Sie vorsichtig, wie Sie die innere Stimme, die Ihnen befiehlt, vorwärts zu gehen, entmutigen oder sich weigern, auf sie zu hören, denn wenn Sie das tun, wird sie immer weniger eindringlich werden, bis sie schließlich aufhört, Sie anzutreiben, und wenn der Ehrgeiz tot ist, hat der Verfall eingesetzt.

Dieser innere Ruf, vorwärts zu gehen, auf ein höheres Gut hinzuarbeiten, ist die innere Stimme, auf die Sie hören sollten. Sie ist Ihr bester Freund und wird Sie zu Licht und Freude führen.

KAPITEL II: DER ZUFRIEDENE MENSCH

F. W. Robertson hat gesagt: "Wer mit dem, was er tut, zufrieden ist, hat seinen Höhepunkt erreicht - er wird nicht mehr weiterkommen. Es ist das Schicksal des Menschen, nicht unzufrieden, sondern für immer unzufrieden zu sein."

Eines der traurigsten Dinge im Leben ist es, zu sehen, wie Männer und Frauen, die mit großen Hoffnungen und stolzen Ambitionen gestartet sind, sich in mittelmäßigen Positionen niederlassen, halb zufrieden damit, einfach nur ihren Lebensunterhalt zu verdienen und gleichgültig vor sich hin zu schuften.

Was für eine Tragödie ist es, wenn man sich mit Mittelmäßigkeit zufrieden gibt, wenn man gleichgültig gegenüber den größeren, besseren Dingen des Lebens wird!

Wenn Sie mit dem Leben zufrieden sind, das Sie führen, mit der Arbeit, die Sie tun, mit den Gedanken, die Sie denken, mit den Träumen, die Sie träumen, mit dem Charakter, den Sie aufbauen, mit Ihren Idealen, dann können Sie sicher sein , dass Sie bereits anfangen, zu verfallen.

Es gibt wenig Hoffnung für den Menschen, der sich mit sich selbst zufrieden fühlt, der nicht "die edle Unzufriedenheit kennt, die die Eichel zur Eiche werden lässt." Der Ehrgeiz des Menschen, jeden Tag irgendwo etwas zu verbessern, um ein bisschen weiter und ein bisschen höher zu kommen, als er am Tag zuvor war, eine unstillbare Leidenschaft, die Dinge auf der ganzen Linie zu verbessern, ist das Geheimnis des menschlichen Fortschritts.

Ist Ihnen klar, mein junger Freund, dass Sie, wenn das Motiv groß genug wäre, wenn Sie einen ungewöhnlichen Anreiz hätten, das, was Sie jetzt als Ihr bestes Bestreben betrachten, wesentlich verbessern könnten? Als Angestellter denken Sie vielleicht, dass

Sie Ihr Bestes geben und gewissenhaft, loyal, treu und fleißig sind. Doch wenn Ihnen ein großer Preis dafür angeboten würde, dass Sie Ihre Arbeit in den nächsten sechzig Tagen auf ein bestimmtes höheres Niveau bringen, würden Sie dann nicht eher ruhen, bis es Ihnen gelungen ist, das, was Sie jetzt für Ihre beste Arbeit halten, ganz erheblich zu verbessern?

Glauben Sie nicht, Sie, der Sie stolz darauf sind, dass es unmöglich ist, das zu verbessern, was Sie jetzt tun, dass Sie sich um fünfzig Prozent steigern könnten, wenn Ihr Name als Eigentümer über der Tür stünde und nicht der Name der Firma, für die Sie arbeiten? Glauben Sie nicht, dass Sie ein wenig ehrgeiziger wären, Ihre Zeit besser nutzen würden, dass Sie versuchen würden, ein wenig mehr Einfallsreichtum und Effektivität, ein wenig mehr Einfallsreichtum zu zeigen? Meinen Sie, Sie würden auf dieselbe halbherzige Art und Weise weitermachen und mehr an Ihr Gehalt denken als an die Möglichkeit, die Erfolgsgeheimnisse Ihres Arbeitgebers zu entdecken? Glauben Sie, dass Sie ohne Protest zusehen würden, wie die Ware beschädigt oder vergeudet wird, wenn Sie es verhindern könnten, oder dass Sie selbst so nachlässig sein oder so viele Fehler machen würden? Glauben Sie nicht, dass der zu gewinnende Preis Sie dazu bringen würde, sich ein wenig mehr für die Dinge zu interessieren, als Sie es jetzt tun, dass Sie ein wenig aufmerksamer und eifriger für den Erfolg des Geschäfts wären?

Es ist ein bedauerlicher Anblick, so viele junge Männer und junge Frauen zu sehen, die offenbar so zufrieden mit sich selbst sind, mit dem, was sie tun, dass sie keine großen Sehnsüchte haben, keine unstillbare Sehnsucht nach etwas Höherem und Besserem.

Viele fähige Angestellte geben sich damit zufrieden, sich in der Mittelmäßigkeit abzumühen, anstatt sich in die Höhen zu erheben, in die ihre Fähigkeiten sie natürlicherweise tragen würden. Ich habe einen Freund, der ein viel besseres Gehirn hat als der Mann, für den er arbeitet, und dennoch bezieht er seit vielen Jahren ein gewöhnliches Gehalt. Er hat nie geheiratet. Er nimmt das Leben gelassen und immer, wenn ich versucht habe, ihn zu ermutigen, sich selbständig zu machen, um ihm zu zeigen, wie sehr er dem Mann, für den er arbeitet, überlegen ist, sagt er immer: "Warum sollte ich mich mehr anstrengen oder größere Geschäfte und Aufgaben übernehmen? Ich muss an niemanden außer an mich selbst denken. Ich amüsiere mich gerne und möchte mir nicht die Sorgen und Ängste machen, die mit der Führung eines eigenen Unternehmens verbunden sind, obwohl ich genau weiß, dass ich das könnte, wenn ich wollte."

Aber denken Sie an die Befriedigung, die sich aus dem Bewusstsein ergibt, dass er das Beste aus seinen Talenten gemacht hat, dass er keines davon in einer Serviette vergraben hat, die Befriedigung, die sich aus dem Gefühl ergibt, dass er etwas Gutes getan hat, dass er der Welt seine Botschaft überbracht hat und sie wie ein Mann überbracht hat, dass er seine Mission erfüllt hat, dass er das Beste aus dem Material und den Möglichkeiten gemacht hat, die ihm gegeben wurden. Das Gefühl, dass er nichts zu bereuen hat, dass er sein Bestes gegeben hat, entschädigt mehr als jede zusätzliche Anstrengung und größere Verantwortung.

Wir neigen dazu, so zu werden wie unsere Bestrebungen. Wenn wir ständig nach etwas Besserem, Höherem und Edlerem streben, können wir nicht anders, als uns zu erweitern und zu verbessern. Der Ehrgeiz, der in unserem Geist vorherrscht, wird sich im Leben auswirken. Wenn dieser Ehrgeiz schäbig, niedrig und animalisch ist, werden wir diese Eigenschaften entwickeln, denn unser Leben folgt unseren Idealen.

Die Zivilisation hat ihre größten Fortschritte unter dem Druck der Notwendigkeit gemacht, unter der Führung eines großen Ehrgeizes, die Sehnsucht des Herzens nach besseren Dingen zu befriedigen. Wir leisten unsere beste Arbeit, während wir verzweifelt versuchen, unsere Träume mit ihrer Realität in Einklang zu bringen.

Der Kampf des Menschen, ein wenig höher aufzusteigen, in eine etwas komfortablere Position zu gelangen, eine etwas bessere Ausbildung, ein etwas besseres Zuhause zu erlangen, ein wenig mehr Kultur und Raffinesse zu erlangen, die Macht zu besitzen, die sich aus einer Position mit größerem und breiterem Einfluss durch den Erwerb von Eigentum ergibt, ist das, was den Charakter und die Ausdauer unserer höchsten Menschentypen von heute entwickelt hat. Dieser aufsteigende Lebensweg gibt anderen das Vertrauen in uns.

Wie viele von uns denken, wenn wir einen kleinen Erfolg errungen haben, wenn wir ein wenig öffentlichen Beifall erhalten haben, dass wir in unseren Bemühungen nachlassen können, und bevor wir es merken, ist unser Ehrgeiz verschwunden, unsere Energie verdunstet. Eine Art Lethargie überkommt uns und lullt uns in Untätigkeit ein.

Erste Erfolge, und insbesondere frühe Erfolge, wirken auf viele wie ein Opiat. Sie werden von einer Trägheit überwältigt, die nur ein unbefriedigter und entschlossener Ehrgeiz überwinden kann. Es erfordert mehr Biss und einen stärkeren Willen, uns zu zwingen, unser Bestes zu geben, nachdem wir zweifelsfrei bewiesen haben, dass wir die Fähigkeit haben, das zu tun, was wir uns vorgenommen haben, als den ersten Erfolg selbst zu erreichen.

Einer der größten Feinde des Ehrgeizes ist die persönliche Trägheit, und sie ist mit am schwersten zu überwinden. Die Versuchung, den Weg des geringsten Widerstands zu gehen, sich in eine bequeme Position zu begeben und es sich bequem zu machen, ist so stark, dass viele ihr nachgeben. Der Ehrgeiz ist nicht hartnäckig genug oder anstrengend genug, um sie aus ihrer Trägheit zu reißen oder sie zu Größerem anzuspornen. Mittelmäßigkeit ist oft eine Prämie auf Faulheit. Der Dichter sagt uns,

"Derjenige, der die erhabenen Höhen erklimmen will,

Oder die reinere Luft des Lebens atmet,

darf nicht erwarten, dass er sich in Leichtigkeit ausruht,

Sondern sich auf Mühsal und Streit einstellen."

Eines der entmutigendsten Probleme in der Welt ist der Versuch, den Ehrgeizlosen, den Halbzufriedenen zu helfen, denjenigen, die nicht genug Unzufriedenheit in ihrem Wesen haben, um sie voranzutreiben, nicht genug Initiative, um etwas zu beginnen, und nicht genug Ausdauer, um weiterzumachen.

Wenn ein junger Mensch scheinbar damit zufrieden ist, sich in einer eintönigen Weise treiben zu lassen, halb zufrieden mit seinen Leistungen, ungestört von der Tatsache, dass er nur einen sehr kleinen Teil von sich selbst, einen sehr kleinen Prozentsatz seiner wirklichen Fähigkeiten eingesetzt hat, dass seine Energien auf alle möglichen Arten vergeudet werden, können Sie nicht viel mit ihm anfangen . Wenn es ihm an Ehrgeiz, Leben, Energie und Kraft mangelt, wenn er bereit ist, den Weg des geringsten Widerstands zu gehen und sich so wenig wie möglich anstrengt, gibt es nichts, worauf man aufbauen könnte.

Es gewinnt der junge Mensch, der sich nicht mit dem zufrieden gibt, was er tut, der entschlossen ist, jeden Tag sein Bestes zu geben, der darum kämpft, dem Ideal Ausdruck zu verleihen, das Mögliche in ihm Wirklichkeit werden zu lassen.

Aktivität ist das Gesetz des Wachstums, Anstrengung das einzige Mittel zur Verbesserung. Wann immer die Menschen ihrer niederen Natur gehorcht und aufgehört haben, sich um die Verbesserung ihrer Situation zu bemühen, haben sie sich körperlich, geistig und moralisch verschlechtert, während sie in dem Maße, wie sie sich ehrlich und beharrlich um die Verbesserung ihrer Situation bemüht haben, einen größeren und edleren Menschentyp entwickelt haben.

Als ein Mann, der angeblich der höchstbezahlte Beamte in den Vereinigten Staaten ist, nach dem Geheimnis seines Erfolgs gefragt wurde, antwortete er: "Ich habe keinen Erfolg. Kein echter Mann hat jemals Erfolg. Es gibt immer ein größeres Ziel vor Augen."

Es ist der kleine Mann, der in seiner eigenen Einschätzung erfolgreich ist. Wirklich große Menschen erreichen nie ihr Ziel, weil sie ihren Horizont immer weiter ausdehnen , eine breitere Vision, einen größeren Ausblick bekommen und ihr Ehrgeiz mit ihrem Erfolg wächst.

Wenn Sie in einer mittelmäßigen Position ein angemessenes Gehalt erhalten, besteht die Gefahr, dass Sie sich selbst zu dem Glauben hypnotisieren, dass Sie sich nicht besonders anstrengen müssen, um höher zu kommen. Es besteht die Gefahr, dass Sie Ihren Ehrgeiz einschränken, so dass Sie sich halb damit zufrieden geben, ein ewiger Angestellter zu bleiben, obwohl Sie die Fähigkeit haben, viel mehr zu leisten.

Diese Zufriedenheit mit dem Geringeren, wenn das Größere möglich ist, resultiert oft daraus, dass Verwandte oder Freunde Ihnen sagen, dass es Ihnen gut geht und dass Sie es besser sein lassen sollten. Diese Berater sagen: "Gehen Sie kein Risiko mit einer Gewissheit ein. Es stimmt zwar, dass Sie kein sehr hohes Gehalt bekommen, aber es ist eine sichere Sache, und wenn Sie es in der Hoffnung auf etwas Besseres aufgeben, könnte es Ihnen schlechter gehen." Lassen Sie sich nicht von irgendwelchen Bedingungen dazu verleiten, zu glauben, dass Sie nicht die Fähigkeit haben, Ihre Sehnsüchte zu erfüllen. In jedem Menschen stecken Energien, die, wenn sie entfaltet, konzentriert und mit der richtigen Aufmerksamkeit behandelt werden, sein höchstes Ideal entwickeln.

Unsere Sehnsüchte sind schöpferische Prinzipien, Prophezeiungen, die auf Potenzen hinweisen, die der Aufgabe der tatsächlichen Erfüllung gewachsen sind. Diese latenten Potenzen sind nicht dazu da, uns zu verspotten. Es gibt keine versiegelten Befehle, die im Gehirn verpackt sind, ohne die dazugehörige Fähigkeit, sie auszuführen.

Wenn Sie sich einmal so sehen, wie Ihr Hirn es vorgesehen hat, mit all Ihren latenten Möglichkeiten, die sich in die Realität umsetzen lassen, wenn Sie sich einmal als den großartigen Menschen sehen, der Sie sein können, dann kann Sie nichts und niemand außer Ihnen selbst daran hindern, Ihr Ziel zu erreichen.

Nur der Mann, der aufgehört hat zu wachsen, fühlt sich mit seinen Erfolgen zufrieden. Der wachsende Mensch fühlt einen großen Mangel an Ganzheitlichkeit, an Vollständigkeit. Alles in ihm scheint unvollendet zu sein, weil er wächst. Der wachsende Mensch ist immer unzufrieden mit dem, was er erreicht hat, er strebt immer nach etwas Größerem, Vollerem, Vollständigerem.

KAPITEL III: DER EINFLUSS DER UMGEBUNG

Die Umgebung hat sehr viel mit dem Ehrgeiz und der Leistung des Menschen zu tun. Es kann für Sie, mein Freund, einen großen Unterschied

zwischen Erfolg und Mittelmäßigkeit ausmachen, ob Sie sich in einer günstigen Umgebung befinden und sich in der Nähe von Menschen aufhalten, die Sie inspirieren und ermutigen, die Ihnen den Enthusiasmus ihres Beispiels vermitteln, oder ob Sie von unharmonischen Bedingungen umgeben sind und mit Menschen verkehren, die eine gegenteilige Wirkung auf Sie haben.

Wir können nicht mit einem wirklich ehrgeizigen Menschen verkehren, ohne mehr oder weniger von seinem Geist angesteckt zu werden. Wir spiegeln unbewusst die Menschen wider, mit denen wir viel zu tun haben. Ihre Spuren hinterlassen wir. Wir sind vielleicht nicht in der Lage, sie selbst zu sehen, aber andere Menschen können sie erkennen.

Unsere indigenen Schulen veröffentlichen manchmal nebeneinander Fotos von indigenen jungen Menschen, wie sie aus dem Reservat kommen und wie sie aussehen, wenn sie ihren Abschluss gemacht haben - gut gekleidet, intelligent, mit dem Feuer des Ehrgeizes in ihren Augen. Wir prophezeien ihnen Großes, aber die meisten von ihnen, die zu ihren Stämmen zurückkehren, nachdem sie eine Weile darum gekämpft haben, ihren neuen Standard zu halten, fallen allmählich wieder in ihre alte Lebensweise zurück. Natürlich gibt es viele bemerkenswerte Ausnahmen, aber das sind ungewöhnlich starke Charaktere, die den abwärts gerichteten Tendenzen in ihrem Umfeld widerstehen können.

Wenn Sie das große Heer der Versager befragen, werden Sie feststellen, dass viele von ihnen gescheitert sind, weil sie nie in ein anregendes, ermutigendes Umfeld kamen, weil ihr Ehrgeiz nie geweckt wurde oder weil sie nicht stark genug waren, um sich in einer deprimierenden, entmutigenden oder bösartigen Umgebung zu behaupten.

Wie oft sehen wir Männer und Frauen mit großartiger Intelligenz, mit einer robusten Physis, die scheinbar hervorragend für eine große Karriere gerüstet sind, und doch leben sie ein ganz gewöhnliches Leben, schuften vielleicht in der Mittelmäßigkeit! Das mag daran liegen, dass sie noch nie erregt wurden und sich ihrer Kräfte gar nicht bewusst sind. Vielleicht haben sie nie in den Spiegel anderer geschaut, die in ihrem Sinne erfolgreich waren und einen Blick auf ihre eigenen Möglichkeiten erhascht.

Was auch immer Sie im Leben tun, bringen Sie alle notwendigen Opfer, um eine Atmosphäre zu schaffen, die Ihren Ehrgeiz anregt, eine Umgebung, die Sie zur Selbstentfaltung anspornt. Bleiben Sie in der Nähe von Menschen, die Sie verstehen, die an Sie glauben, die Ihnen helfen, sich selbst zu entdecken und die Sie ermutigen, das Beste aus Ihrem Leben zu machen. Suchen Sie sich Weggefährten und Freunde, die mit Ihrem Ehrgeiz sympathisieren, Sie moralisch unterstützen und Sie dazu bringen, das zu tun, wozu Sie fähig sind. Ein paar solcher Freunde können für Sie den Unterschied zwischen einem großen Erfolg und einer mittelmäßigen Existenz ausmachen. Wir alle sind Diamanten im Rohzustand. Unser Umfeld kann eine, zwei oder zwanzig Facetten abschleifen. Manche Menschen kommen nie mit dem Rad in Berührung, das eine Facette schleift und das Licht hereinlässt, um die verborgenen Wunder zu enthüllen. Viele werden als Rohdiamanten begraben, obwohl in ihnen vielleicht großer Glanz und enormer Wert verborgen sind. Vergleichsweise wenige menschliche Diamanten werden jemals so vollständig geschliffen, dass alle verborgenen Schätze zum Vorschein kommen.

Doch wie unbedeutend sind die Dinge, die manchmal den Menschen offenbaren! Es kann der Anblick eines Mottos sein, das Hören einer Predigt, einer Rede, die Lektüre einer inspirierenden Lebensgeschichte oder eines aufrüttelnden, den Ehrgeiz weckenden Buches, das ermutigende Gespräch eines Freundes, von jemandem, der an uns glaubt und etwas in uns sieht, von dem wir nie wussten, dass es da ist.

Ich kenne Menschen, die scheinbar ihren Ehrgeiz verloren hatten, die buchstäblich am Boden lagen, die aber durch die Lektüre eines inspirierenden Buches oder das Hören einer anregenden Predigt selbst in einer höchst entmutigenden Umgebung ihre Möglichkeiten wiederentdeckten und sich innerhalb weniger Monate so vollständig veränderten, dass sie nicht mehr dieselben zu sein schienen.

Die Reden von Wendell Phillips, Webster und Henry Clay entfachten in so manchem ehrgeizigen jungen Menschen ein Feuer, das nie erlosch, sondern zu einem Leuchtfeuer in der amerikanischen Geschichte wurde.

Wir alle wissen, dass die altmodischen Debattiergesellschaften und Clubs in den frühen Tagen unseres Landes den Ehrgeiz so mancher junger Menschen geweckt haben, von denen man ohne den aufrüttelnden Einfluss dieser Debatten vielleicht nie etwas außerhalb seiner eigenen kleinen Gemeinde gehört hätte.

Der Ehrgeiz eines Jungen, der auf einem Bauernhof im Hinterland gelebt hat, wird oft zum ersten Mal geweckt, wenn er in die Stadt geht. Für ihn ist die Metropole eine kolossale Weltausstellung, auf der die Errungenschaften eines jeden zu sehen sind. Der fortschrittliche Geist, der die Stadt durchdringt, ist wie ein elektrischer Schlag für ihn und weckt all seine latenten Energien, ruft seine Reserven hervor. Alles, was er sieht, scheint eine Aufforderung an ihn zu sein, vorwärts zu gehen, voranzukommen.

Die Umgebung seiner Stadt erinnert ihn ständig daran, was andere getan haben. Er sieht die gewaltigen Kunststücke der Ingenieure, die großen Fabriken und Büros, die riesigen Unternehmen, allesamt riesige Werbeträger menschlicher Leistungen, und wird von dem Ehrgeiz beseelt, selbst etwas Großes zu leisten.

Ehrgeiz ist ansteckend. Wenn ein Mann im Restaurant, im Club oder bei anderen gesellschaftlichen Anlässen andere Menschen trifft und von deren großen Erfolgen und Leistungen hört, sagt er sich sofort: "Warum kann ich das nicht auch?" "Warum tue ich es nicht?" und wenn er etwas auf sich hält, sagt er wahrscheinlich: "Ich werde es tun!" Dann kehrt er mit neuer Entschlossenheit zu seinem Geschäft zurück, vielleicht mit neuen Ideen und neuen Vorstellungen von den Möglichkeiten seines eigenen Erfolgs.

Ich habe junge Geschäftsleute auf dem Lande gekannt, die nicht besonders erfolgreich waren und deren Ehrgeiz durch den Besuch größerer städtischer Unternehmen in der gleichen Branche einen enormen Auftrieb erhielt. Die größeren Erfolge berührten ihren Stolz und sie kehrten nach Hause zurück und begannen, sich zu stützen und aufzubauen.

Das Gleiche gilt für das Berufsleben. Der junge Landarzt besucht ein Krankenhaus in der Stadt, besucht Kliniken, sieht Operationen von bekannten Chirurgen, und er kehrt mit beflügeltem Ehrgeiz nach Hause zurück und fasst den festen Vorsatz, sich mehr anzustrengen, um in seinem eigenen Beruf etwas zu werden.

Menschen, die in Kleinstädten arbeiten, in denen sie keine Konkurrenz haben und nur sehr selten mit erfolgreichen Geschäftsleuten in Kontakt kommen, laufen ständig Gefahr, in einen Trott zu verfallen. Ihr Ehrgeiz stumpft unbewusst ab, die Energie schwindet aus ihren Bemühungen, und sie lassen es ruhiger angehen, joggen

Jahr für Jahr auf dieselbe alte Art und Weise weiter, und bevor sie es bemerken, setzt der Hausschwamm in ihrem Geschäft ein.

Es ist viel einfacher, sein Interesse und seinen Enthusiasmus aufrechtzuerhalten, um Dinge zu tun, die sich lohnen, wenn wir in direktem Kontakt mit den Ehrgeizigen stehen, mit denen, die mit aller Kraft vorankommen und die vielleicht unter großen Schwierigkeiten arbeiten.

Einer der unglücklichen Aspekte von Kleinstädten und ländlichen Gegenden ist der Mangel an Anreizen für Ehrgeiz. Viele Menschen, die in abgelegenen ländlichen Gegenden leben, kommen nicht mit Standards in Berührung, an denen sie ihre eigenen Fähigkeiten messen und vergleichen können. Sie führen ein ruhiges, ereignisloses Leben, und es gibt wenig in ihrer Umgebung, das die Fähigkeiten anregt, die nicht in ihrem Beruf tätig sind.

Wenn Sie ehrgeizig sind und vorankommen wollen, werden Sie aus dem Studium der Qualitäten derjenigen, die auf dem Weg Ihrer Ambitionen erfolgreich waren, einige großartige Lektionen lernen. Sie werden feststellen, dass es ein Merkmal des Gewinners ist, dass er immer über sein Lebensthema nachdenkt, immer auf das Ziel seines Ehrgeizes zusteuert und immer entlang der Linie seiner Träume plant. Er spricht über die Dinge, handelt in dieselbe Richtung, sein ganzes Leben ist von seinem Thema durchdrungen. Er strahlt Recht, Medizin, Technik oder Produktion aus. Indem er seinen Geist in einer positiven, kreativen Kondition hält, ermutigt er ständig seinen geistigen Magneten, die Sache anzuziehen, die er studiert. Wenn er Jura studiert, denkt er an Jura, stellt sich vor, wie er vor Gericht plädiert oder in seinem Büro Ratschläge erteilt. Er wird zu einem Rechtsmagneten, der das Recht anzieht.

Ich kenne einen Mann, der sagt, dass er nicht das Risiko der Demoralisierung und des Verfalls eingehen will, die durch den Umgang mit gewohnheitsmäßigen Versagern in seiner Natur entstehen würden. Mit solchen Menschen will er nichts zu tun haben. Er vermeidet es, mit ihnen Geschäfte zu machen, denn er sagt, dass er, egal wie sehr er dagegen protestiert, unbewusst von ihnen beeinflusst wird.

Daran ist unbestreitbar viel Wahres. Wir werden unbewusst von der Atmosphäre beeinflusst, die uns umgibt. Gleiches zieht Gleiches an. Erfolgreiche Menschen ziehen erfolgreiche Menschen an. Misserfolg zieht Misserfolg an. Unglückliche Menschen ziehen unglückliche Menschen an. Schlampige, schlampige Menschen ziehen Gleichgesinnte an. "Gleich und gleich gesellt sich gern." Die Misserfolge kommen zusammen, die Erfolge kommen natürlich zusammen.

Überall sehen wir junge Menschen, die mit glänzenden Aussichten aus dem College kamen. Ihre Freunde sagten ihnen Großes voraus, aber irgendwie war der Enthusiasmus ihrer Schul- oder Studienzeit bald verflogen. Die ständige Suggestion von Möglichkeiten, die ihnen von ihrer schulischen Umgebung vermittelt wurde, die Ansteckung durch den ehrgeizigen Geist, der sie umgab,

schien ihre Aussichten zu vervielfachen, ihre Fähigkeiten zu vergrößern und ihren Ehrgeiz anzustacheln, bis sie wirklich glaubten, dass sie es in der Welt zu etwas bringen würden, dass sie etwas erreichen würden; aber nachdem sie die batterieladenden Institutionen verlassen hatten, verloren sie allmählich ihren Enthusiasmus; ihr Ehrgeiz schwand. Ihre Ideale veränderten sich mit ihrer Umgebung. Nach und nach verblassten ihre Träume, und sie fanden sich mit Mittelmäßigkeit oder hoffnungslosem Versagen ab.

Es gibt kein Umfeld, das so ungünstig ist, so entmutigend, keine Situation, die so entmutigend ist, dass ein junger Mann, der aus dem richtigen Holz geschnitzt ist, sie nicht ändern kann. Lincoln, Benjamin Franklin, Fred Douglas, John Wanamaker, Marshall Field und Tausende anderer amerikanischer Jungen befanden sich inmitten einer höchst entmutigenden Umgebung, aber sie schufen sich eine neue Umgebung. Es ist möglich, dass Sie das Gleiche tun.

Das große Problem der meisten von uns ist, dass wir nie wach werden, dass wir uns selbst erst spät im Leben entdecken - oft zu spät, um noch viel aus dem Rest zu machen, der uns bleibt. Es ist sehr wichtig, dass wir schon in jungen Jahren für unsere Möglichkeiten sensibilisiert werden, damit wir auch die ungünstigsten Bedingungen überwinden und die größtmögliche Effizienz aus unserem Leben ziehen können.

KAPITEL IV: UNWÜRDIGE AMBITIONEN

In unseren großen Städten gibt es eine Menge Menschen, die gar nicht wirklich leben. Sie existieren lediglich. Sie sind die Sklaven eines krankhaften Ehrgeizes und einer Gier, die zu einem Ungeheuer herangewachsen ist. Viele dieser Menschen haben nur wenig Komfort. Sie sind ständig bemüht, den Schein zu wahren, Häuser in Stadtteilen zu unterhalten, in denen sie es sich nicht leisten können, Autos zu besitzen, obwohl sie sich kaum ein Fahrrad leisten können, Kleidung und Schmuck zu tragen, der ihre Mittel übersteigt, und sie machen sich ständig Sorgen darüber und töten ihren legitimen Komfort und ihr Vergnügen durch die Erschöpfung der Belastung und des Stresses - und das alles für nichts, was wirklich oder dauerhaft ist, nichts, was zu ihrem Charakter oder ihrem Wohlbefinden beiträgt.

Solche Menschen sind geradezu besessen davon, anderen vorzugaukeln, dass es ihnen besser geht, als sie es tatsächlich sind, dass sie mehr wert sind, als sie es tatsächlich sind, dass sie in der Welt eine größere Rolle spielen, als es tatsächlich der Fall ist. Mit anderen Worten, sie machen sich zu bemitleidenswerten Sklaven in den Augen der anderen. Sie gehen durchs Leben und tun nicht das, was sie tun sollten, was für ihr Wohlergehen und ihr Wachstum am besten ist. Ihr Leben ist oberflächlich, weil sie nicht in der Realität leben oder mit ihr umgehen. Alles an ihnen ist trügerisch. Sie führen ein maskiertes Leben. Nur wenige Menschen kennen sie so, wie sie wirklich sind. Sie kennen sie nur so, wie sie zu sein vorgeben. Was haben diese Menschen, die immer auf der Jagd nach Schatten sind, überhaupt vom Leben?

Es gibt einen Ehrgeiz, der an einen Vogel erinnert, dessen unersättlicher Appetit nie gestillt werden kann. Er wächst an dem, was er frisst, und je mehr er frisst, desto hungriger wird er. Wehe dem, der einem falschen Ehrgeiz nachgibt! Er folgt ihm blindlings und erwartet, dass es ihm Ruhe gibt, wenn es befriedigt ist, aber leider wird es nie befriedigt. Es ist wie mit dem Wasser in der verzauberten Geschichte: Je mehr das Opfer davon trank, desto größer wurde sein brennender Durst. Ein solcher Ehrgeiz ist tödlich und wird denjenigen, der ihn blindlings verfolgt, mit Sicherheit ruinieren. Es wird seine Gesundheit ruinieren und ihn all dessen berauben, was ihm im Leben am liebsten und am süßesten ist.

Es gibt sehr viele Menschen in diesem Land, die viele Jahre ihres Lebens in den Sand setzen, weil sie Sklaven eines unmäßigen Ehrgeizes sind.

Eine der erbärmlichsten Phasen unserer Zivilisation besteht darin, dass Männer und Frauen in schlechtem Gesundheitszustand, die durch Überarbeitung entkräftet sind, von einem teuflischen Ehrgeiz weit über ihre Kräfte getrieben werden. Ihr Stolz und ihre Eitelkeit sagen ihnen: "Wir dürfen jetzt nicht nachlassen. Wir müssen das Tempo unserer Nachbarn mitgehen. Wer in diesen Tagen nicht den Schein wahrt, ist ein Niemand. Wir müssen weitermachen, egal wie wir uns fühlen. Wir müssen mehr Geld verdienen, wir müssen mehr Beweise für unseren Wohlstand vorlegen. Wir müssen eine bessere Fassade aufbauen, sonst wird Mrs. Grundy den Verdacht äußern, dass wir doch nicht so erfolgreich sind, dass uns die Fähigkeit fehlt, das zu tun, was die Leute von uns erwarten. Egal, wie wir uns fühlen, wir müssen weitermachen, weitermachen, weitermachen, mehr Dampf machen, Aufputschmittel und Drogen nehmen, wenn nötig, uns anspornen. Es ist absolut unerlässlich, weiterzumachen."

Oh, was für Narren machen Stolz und Eitelkeit aus uns, vor allem, wenn wir nicht in der Kondition sind, das Tempo zu halten, wenn wir es uns selbst schuldig sind, langsamer zu werden, wenn es geradezu verrucht ist, noch mehr Dampf zu machen! Wie viele

Menschen werden durch die Peitsche einer Hypothek auf einen Bauernhof, ein Haus oder ihr Geschäft in den Tod getrieben, die man ihnen auferlegt hat, um einen übermäßigen Ehrgeiz zu befriedigen!

Schulden haben mehr Menschen unglücklich gemacht, den Seelenfrieden von mehr Menschen, den Komfort und das Glück von mehr Häusern ruiniert, als fast alles andere im Universum. Es ist eine schreckliche Sache, sich so sehr an andere zu verpfänden, dass wir uns selbst zu Sklaven machen müssen. Wie viel besser ist es, einfach zu leben, in Armut zu leben, bis wir unsere Lage verbessern können, als uns mit Schulden zu kompromittieren, uns an eine Hypothek oder einen Wechsel zu verkaufen!

Wie einfach ist es, sich Geld zu leihen, einen Schuldschein zu geben oder eine Hypothek aufzunehmen! Wir glauben zwar, dass wir alles bezahlen können, aber niemand kann sicher sein, dass es ihm gut gehen wird. Keiner weiß, was die Zeiten bringen werden. Niemand weiß, ob seine Gesundheit und Kraft erhalten bleiben oder wie schnell er körperlich oder geistig behindert sein wird.

Der einzig wahre Maßstab für echten Erfolg ist die Qualität des Ehrgeizes. Wenn das Tier in Ihrem Ehrgeiz eine zu große Rolle spielt, wenn die Qualität minderwertig ist, wird der Erfolg billig sein, ganz gleich, wie groß die Quantität ist.

Es ist bedauerlich, dass so viele unserer jungen Menschen ihr Leben mit nur einem Ziel beginnen, nämlich Geld zu verdienen. Das wird zum Hauptziel in ihrem Leben und verstellt ihre Sicht auf die Dinge. Alles andere wird als zweitrangig angesehen. Sie denken nicht daran, sich ein Leben aufzubauen, einen Charakter zu entwickeln; sie sind nur darauf aus, Geld zu verdienen. Das ist das alles beherrschende Topic überall.

Das Ziel, das wir vor Augen haben, ist das Modell, das unser Leben prägt, und sein Charakter spiegelt sich in allem wider, was wir tun. Stellen Sie sich also vor, welchen Einfluss es haben muss, wenn wir alle unsere Fähigkeiten und Energien auf das Ziel des Geldverdienens ausrichten! Wie sehr muss es die zarteren Gefühle, die feineren Fähigkeiten verzerren, verdrehen und aus ihrer natürlichen Umlaufbahn reißen. Wenn alles in uns auf das Geld ausgerichtet ist und der Blick unablässig auf den Dollar und das, was er bringen wird, gerichtet ist, was für ein Wahn, was für eine Tragödie, was für ein fataler Schaden in den Gefühlen, den Freundschaften und den sozialen Fähigkeiten! Wenn die Zuneigung erkaltet und die Freundschaften erdrosselt sind, was bleibt dann noch in einem Menschen übrig außer den monströsen, rohen Eigenschaften?

Das ist der Grund, warum ein junger Mensch, der mit edlen Ambitionen, mit feinen Gefühlen und empfänglicher Zuneigung beginnt, in seiner beruflichen Laufbahn oft verhärtet. Seine feineren Empfindsamkeiten und empfindlicheren Fähigkeiten verkümmern, weil er durch den modernen Wahn nach dem allmächtigen Dollar die habgierigen, egoistischen Fähigkeiten überentwickelt.

Die Verwandlung ist so schleichend, dass er sie erst bemerkt, wenn er sich zu Intrigen, Verschwörungen und hinterhältigen Machenschaften hinreißen lässt, die ihn einige Jahre zuvor noch schockiert hätten.

Wenn ein Mann einmal in die Gewalt des egoistischen, gierigen, habgierigen Monsters in seinem Inneren geraten ist, das er so lange gefüttert und versorgt hat, dass es zu einem Riesen geworden ist, ist es fast unmöglich, sich davon loszureißen, und er wird oft zum Sklaven genau der Sache, die er einst verachtete und verabscheute.

Es ist immer eine Frage des obersten Ziels, des dominierenden Ziels, das das Leben am meisten prägt. Wenn ein Mensch jahrelang ein Ziel verfolgt hat, das dazu neigt, das Beste in ihm auszutrocknen, wenn er all seine Lebenskräfte, all seine Energien eingesetzt hat, um diesen unwürdigen Ehrgeiz zu nähren, bis er zu einem

Monster geworden ist, das ihn beherrscht, dann ist er eine bedau-
ernswerte Kreatur. Es gibt keinen erschütternderen Anblick auf der
Welt als den eines Menschen, der sich völlig in den Fängen einer
herzlosen, habgierigen Gier befindet. Angestachelt von dem krankhaften Ehrgeiz, der von ihm Besitz ergriffen hat, jagt er wie verrückt
dem Dollar nach, der ihn verfolgt, bis er taub ist für alle Appelle seines feineren Selbst und jeden Geschmack an dem verloren hat, was
er einst genossen hat.

Heerscharen von Menschen scheinen zu glauben, dass sie voll-
kommen glücklich wären, wenn sie sich nur in einer idealen
Umgebung befänden, in der sie frei von Sorgen oder Ängsten in
Bezug auf das Problem des Lebensunterhalts wären, wenn sie frei
von Schmerzen und bei kräftiger Gesundheit wären. Tatsächlich
sind wir für unser Glück nicht halb so sehr von unserer Umgebung
oder den Umständen abhängig, wie wir uns das manchmal vorstellen. Falscher Ehrgeiz, Neid und Eifersucht sind verantwortlich für
einen Großteil unseres Unbehagens, unserer Rastlosigkeit und
Unzufriedenheit. Unser Geist ist so sehr auf das fixiert, was
andere Menschen haben und tun, dass wir nicht ein Zehntel der
Freude und Befriedigung aus unserer eigenen Arbeit, aus unserem
eigenen Besitz ziehen, die sie uns bieten sollten.

Übertriebener Ehrgeiz, der Wunsch, anderen voraus zu sein, die
Manie, um jeden Preis den Schein zu wahren, ob wir es uns leisten
können oder nicht, all das nährt den Egoismus, die ätzende Säure,
die unsere mögliche Freude auffrisst und die Quellen des Glücks
zerstört. Der verzehrende Ehrgeiz, anderen beim Geldverdienen
voraus zu sein, andere gesellschaftlich in den Schatten zu stellen,
entwickelt eine schmutzige, habgierige Gesinnung, die der Fluch
des Glücks ist. Kein Mensch mit einer ausgeprägten Gier in sich
braucht zu erwarten, dass er glücklich ist. Weder Zufriedenheit,
Zufriedenheit, Gelassenheit, Zuneigung noch irgendein anderes

Mitglied der Familie des Glücks kann in der Gegenwart von Gier oder übermäßigem, egoistischem Ehrgeiz existieren.

Wir haben einige auffällige Beispiele von politischen Aspiranten erlebt, die ihren persönlichen Ehrgeiz über ihre Pflicht gegenüber ihrer Partei und ihrem Land gestellt haben. Immer wieder wurde die eine oder andere der großen politischen Parteien von einem Mann ruiniert, der seinen persönlichen Ehrgeiz sogar über das Wohl seines Landes stellte.

Es ist ohnehin gefährlich, den persönlichen Ehrgeiz über die Pflicht zu stellen, aber besonders gefährlich ist es für einen Politiker oder Staatsmann, der doppelt gefährlich ist, wenn er große magnetische Qualitäten besitzt.

Wir wissen nicht immer, wohin uns der Ruf des Ehrgeizes führen wird, aber wir wissen eines: Wenn wir dem Ehrgeiz gegenüber loyal sind und unser Bestes tun, um ihm in seinem normalen, gesunden Zustand zu folgen, wenn er nicht durch Selbstsucht, Liebe zur Bequemlichkeit oder Selbstbefriedigung pervertiert wird, wird er zu unserem besten und höchsten Wohlergehen führen; wenn wir ihm folgen, wenn wir uns in die Lage versetzen, ihm den besten und freiesten Spielraum zu geben, wird er uns zum höchsten Selbstausdruck führen, dessen wir fähig sind, und uns die größte Befriedigung geben. Wir wissen auch, dass unser Leben aus den Fugen gerät, wenn unser Ehrgeiz zu niederen Zwecken pervertiert wird. Wenn wir der höheren Stimme in uns untreu werden, sind wir unzufrieden, unglücklich, ineffizient und unser Leben ist unwirksam.

Wenn ein Mensch so vernarrt in den Wahn nach Reichtum, Position, Ruhm oder Berühmtheit ist, dass er seine ganze Seele, all seine Kräfte und Energien auf ein falsches Ideal konzentriert, auf ein egoistisches, enges Ziel, entwickelt er nur einen sehr kleinen Teil seiner selbst und wird sehr eng. Derjenige lebt am meisten, der am wahrsten lebt. Derjenige lebt am meisten, der das Leben in der größten Zahl der größten und höchsten Punkte berührt.

Beginnen Sie Ihr Leben nicht mit einem falschen Maßstab. Ein wahrhaft großer Mann lässt offizielle Positionen und Geld und Häuser und Ländereien so armselig aussehen, dass wir mit unseren billigen Lorbeeren und unserem unverdienten Gold am liebsten versinken würden.

KAPITEL V: EHRGEIZ KENNT KEINE ALTERS-GRENZE

Was ist aus dem Etwas geworden, das in Ihrer Jugend Ihre Entschlossenheit in eine so hohe Höhe getrieben hat? Was ist aus dem Etwas in Ihnen geworden, das Sie nicht zur Ruhe kommen ließ, das Ihnen den Schlaf raubte, das Sie ständig anspornte und Sie mit Visionen von den großen und wunderbaren Dingen bombardierte, die Sie in der Zukunft tun würden?

Eines der Zeichen des Alters ist das Erkalten des Feuers des Ehrgeizes. Solange sie noch hell brennen, solange Sie sich genauso eifrig und entschlossen fühlen wie in Ihren jüngeren Tagen, Ihr Bestes zu geben, aufzustehen und in der Welt voranzukommen, weiter zu wachsen und sich zu verbessern, sind Sie noch nicht sehr alt. Ihre Jahre mögen Ihnen das streitig machen, aber solange ein Mensch danach strebt, sich weiterzuentwickeln, solange er sich danach sehnt und darum kämpft, sein Bestes zu geben, ist er nicht alt.

Wenn wir in die Jahre kommen, ist die Versuchung groß, uns einzureden , dass wir ein Recht darauf haben, etwas nachzulassen und die Dinge leichter zu nehmen, so viel Plackerei wie möglich loszuwerden. Wir haben immer weniger Lust auf den anstrengenden Kampf, das zu erreichen, was unsere jungen Menschen auszeichnete. Die große Gefahr in dieser Zeit ist, dass unser Ehrgeiz nachlässt, wenn wir in unseren Bemühungen etwas nachlassen, und dass unser gesamter Lebensstandard sinkt.

Viele Menschen sind nicht mehr ganz so gewissenhaft, nicht mehr ganz so wählerisch, wenn sie in die Jahre gekommen sind, wie in ihren jüngeren Tagen. Es ist dann so viel einfacher, sich einfach gehen zu lassen, sich nicht um seine Kleidung und sein persönliches

Aussehen zu kümmern, sich selbst zu hypnotisieren und zu denken: "Nun, das ist jetzt nicht mehr so wichtig, ich bin nicht mehr jung."

Eines der schwierigsten Dinge, die man im Laufe der Jahre tun muss, ist es, seinen Ehrgeiz nicht absterben zu lassen, seine Ideale klar und sauber zu halten, sein Interesse an seiner Arbeit nicht zu verlieren.

Das Geheimnis, den Ehrgeiz frisch und hell zu halten, besteht darin, das Interesse aufrechtzuerhalten. Ein Künstler, der seine Arbeit liebt, verliert, egal wie alt er ist, nie seinen Elan, seinen Enthusiasmus. Er geht im Alter mit dem gleichen Interesse und Eifer wie als junger Mensch an seine Leinwand.

Viele Männer und Frauen altern aus purer Faulheit, geistiger Trägheit, Gleichgültigkeit. Sie sind nur halb lebendig. Sie sind nicht bereit, sich die Mühe zu machen, den Preis für immerwährende Jugend zu zahlen, damit ihr Ehrgeiz nicht nachlässt.

Manche Menschen scheinen zu glauben, dass der Ehrgeiz, etwas Bestimmtes im Leben zu tun, eine dauerhafte Eigenschaft ist, die ihnen erhalten bleibt. Das ist er nicht. Eines der ersten Symptome des Alters und des Verfalls der eigenen Arbeit ist das allmähliche, unbewusste Versickern, das Schrumpfen des Ehrgeizes. Es gibt keine Eigenschaft in unserem Leben, die mehr Aufmerksamkeit und ständiges Anspannen erfordert als unser Ehrgeiz, vor allem, wenn wir in die Jahre gekommen sind und uns nicht in einer Atmosphäre aufhalten, die dazu neigt, uns für die Möglichkeiten des Lebens zu begeistern. Ohne es zu merken oder zu wollen, werden wir dann leicht Opfer der menschlichen Neigung, die Dinge leicht zu nehmen und uns nicht besonders anzustrengen.

Ganz gleich, wie hoch unser Ehrgeiz als junger Mensch war, es ist sehr leicht, ihn mit den Jahren schwinden zu lassen, unsere Ansprüche sinken zu lassen. In dem Moment, in dem wir aufhören, uns anzustrengen und auf uns selbst aufzupassen, fangen wir an, uns zu verschlechtern, so wie es ein Kind tut , wenn seine Mutter aufhört, es streng zu beaufsichtigen und ihm seinen eigenen Weg lässt. Die Mehrheit neigt in jedem Lebensalter dazu, den Weg des geringsten Widerstands zu gehen, den einfachsten Weg zu wählen. Der Instinkt der Spezies, aufzusteigen, befindet sich ständig im Krieg mit der niederen Natur, die ihn nach unten ziehen würde. Selbst die edelsten Wesen sind nicht frei von dem Kampf des Höheren mit dem Niederen, der sich unaufhörlich durch die gesamte Natur zieht. Es ist der Triumph über das Niedere, der die Spezies auf dem Weg nach oben hält.

Es gibt keinen bedauernswerteren Anblick auf der Welt als den eines Menschen, in dem der Ehrgeiz erloschen ist - eines Menschen, der wiederholt die innere Stimme verleugnet hat, die ihn aufsteigen lässt, eines Menschen, in dem das Feuer des Ehrgeizes erloschen ist, weil ihm der Brennstoff fehlt. Es gibt immer Hoffnung für einen Menschen, egal wie schlecht es ihm geht, solange sein Ehrgeiz lebendig ist. Aber wenn dieser verschwunden ist, ist auch der große Lebensantrieb, das treibende Motiv weg.

Um den Ehrgeiz lebendig zu halten, braucht es viel und vielfältige Nahrung. Wenn er nicht gut gestärkt ist, kann er nichts ausrichten. Er muss durch einen starken Willen , eine feste Entschlossenheit, körperliche Energie und große Ausdauer gestärkt werden, um wirksam zu sein.

Die Gewohnheit, den Ehrgeiz ständig zu beobachten und ihn am Leben zu erhalten, ist für diejenigen, die sich vor dem Verfall bewahren wollen, absolut unerlässlich. Alles hängt vom Ehrgeiz ab.

Wenn wir wissenschaftlicher leben und denken würden, gäbe es nicht ein solches Absinken der Standards, eine solche Abstumpfung der Ideale und ein Nachlassen unserer Bemühungen mit zunehmendem Alter.

Was auch immer unser Ehrgeiz sein mag, nichts anderes ist für die meisten von uns so wertvoll wie das Leben, und wir wollen dieses Leben in seiner besten Form. Jeder normale Mensch fürchtet sich vor den Zeichen des Alters, den Symptomen der Altersschwäche, und möchte so lange wie möglich frisch, beschwingt und robust bleiben. Doch die meisten Menschen treffen keine vernünftigen Vorkehrungen, um ihre jungen Menschen und ihre Vitalität zu erhalten. Sie verstoßen gegen die Gesetze der Gesundheit und der Langlebigkeit, vergeuden ihre Vitalität mit einem törichten, unnatürlichen Lebensstil und mit sich verschlechternden Gewohnheiten.

Ich habe einen Freund, der sich ständig auf sein Alter bezieht. Er hat es sich zur Gewohnheit gemacht, sich ständig mit seinen schwindenden Jahren zu beschäftigen und sich das Bild der Hinfälligkeit vor Augen zu halten. "Wissen Sie , wenn ein Mann über sechzig ist, kann er nicht mehr das aushalten, was er einmal konnte", sagt er dann.

Die Vorstellung, dass unsere Energien und Kräfte ab einem bestimmten Alter nachlassen und die Feuer des Ehrgeizes erlöschen müssen, hat einen äußerst schädlichen Einfluss auf den Geist. Wir erkennen nicht, wie unmöglich es für uns ist, über unsere selbst gesetzten Grenzen hinauszugehen und das zu tun, was wir wirklich glauben, nicht tun zu können.

Niemand ist alt, bis das Interesse am Leben aus ihm gewichen ist, bis sein Geist gealtert ist, bis sein Herz kalt und unempfänglich geworden ist; solange er das Leben an vielen Stellen berührt, kann er geistig nicht alt werden. Ein Mann ist alt, ganz gleich, wie alt er ist, wenn er keinen Kontakt mehr zum jungen Menschen hat, zu seinen Idealen, seinen Ansichten, zum Geist seiner Zeit; wenn er aufgehört hat, fortschrittlich und modern zu sein.

Viele der großartigsten Persönlichkeiten, die je gelebt haben, haben sich ihre jugendliche Mentalität bis zum Ende eines langen

Lebens bewahrt. Der Geist von Marshall Field hat sich nicht verschlechtert. In seinen fortgeschrittenen Jahren zeigte er keine Neigung, sich weniger Mühe zu geben, keinen nachlassenden Ehrgeiz,
keine Neigung, sein Feuer zu zügeln, seine Maßstäbe aufzugeben
oder seine Ideale zu senken. Wir wissen, dass Gladstones Geist
mit achtzig Jahren noch in voller Blüte stand.

Viele Menschen unterschreiben ihr Todesurteil, wenn sie sich
aus dem Geschäftsleben zurückziehen. Der Rückzug aus dem
Geschäft bedeutet für viele praktisch den Rückzug aus dem Leben,
das heißt aus dem wirklichen Leben, weil sie nichts haben, wohin
sie sich zurückziehen könnten. Sie haben sich nicht auf den Ruhe-
stand vorbereitet, der über das normale Geschäftsleben hinausgeht.
Sie haben die meisten ihrer Freunde verloren, weil sie sich in ihr
Geschäft vertieft haben und ihre exklusive Lebensweise pflegen. Sie
haben nie ihre sozialen Fähigkeiten, ihre Liebe zur Kunst, zur
Musik oder zum Lesen entwickelt. Ihr ganzes Leben hat sich auf ein
Geschäft konzentriert, und wenn sie dieses verlassen, sind sie verloren.

Ohne ein Ziel hat das Leben wenig Bedeutung. Wenn der
Mensch sein Lebensziel verloren hat, existiert er einfach - er lebt
nicht wirklich. Ein hohes Ideal, ein erhabenes Ziel, ein edles Ziel,
alles, was den Menschen dazu bringt, nach oben zu schauen und zu
kämpfen, verbessert seine Kondition und verlängert das Leben. Die
Seele, die danach strebt, hat unter sonst gleichen Bedingungen das
längste Leben. Streben ist ein ständiges Stärkungsmittel; es stimu-
liert alle Fähigkeiten.

KAPITEL VI: MACHEN SIE IHR LEBEN ZU ETWAS BESONDEREM

Überall sehen wir Männer und Frauen, die die niederen, gewöhnlichen Dinge tun und scheinbar damit zufrieden sind, sie ihr ganzes Leben lang zu tun, obwohl sie die Fähigkeit haben, die höheren Dinge zu tun.

Viele Menschen beginnen ihr Leben nicht mit dem nötigen Ehrgeiz, der sie zu großen Taten anspornt. Sie machen eine große Karriere von vornherein praktisch unmöglich, weil sie so wenig von sich selbst erwarten. Sie haben eine enge, geizige Sicht auf das Leben und auf sich selbst, die ihren Ehrgeiz auf eine kleine, ausgefranste, armselige Rinne beschränkt.

Wenn ich dem jungen Menschen in Amerika nur einen Rat geben könnte, wäre es der, den Michael Angelo unter eine winzige Figur auf einer Leinwand in Raffaels Atelier schrieb, als er den großen Künstler aufsuchte: "Amplius", was "größer" bedeutet. Mehr brauchte Raphael nicht. Dieses Wort bedeutete ihm viel. Ich rate jedem jungen Menschen, dieses Motto einzurahmen, es in seinem Zimmer, in seinem Geschäft, in seinem Büro, in der Fabrik, in der er arbeitet, aufzuhängen, wo es ihm ins Gesicht starrt. Die ständige Kontemplation dieses Mottos wird sein Leben breiter und tiefer machen.

Ein guter Ehrgeiz macht ein großartiges Leben stabiler. Er hält uns an unserer Aufgabe fest, hält uns davon ab, den hundert Versuchungen nachzugeben, die uns ruinieren könnten.

Was für ein Chaos gäbe es, wenn der Mensch nicht den Ehrgeiz hätte, in der Welt aufzusteigen und seine Kondition zu verbessern.

Nichts stärkt den Geist so sehr und erweitert den Horizont des Menschen wie das ständige Bemühen, einem würdigen Ziel gerecht zu werden. Es dehnt den Gedanken sozusagen auf ein größeres Maß aus und berührt das Leben auf feinere Art und Weise.

"Ich bin entschlossen, aus meinem Leben etwas zu machen", sagte ein armer junger Einwanderer, mit dem ich vor kurzem gesprochen habe. Nun, das ist ein Vorsatz, der sich lohnt, denn dahinter steht ein hoher Ehrgeiz, die feste Absicht, ein Mann zu sein, sein Leben in den Dienst der Menschheit zu stellen.

Dieser junge Mensch arbeitet tagsüber hart, lernt in einer Abendschule und verbessert sich auf jede erdenkliche Art und Weise in seiner knappen Zeit.

Das ist die Art von Unverdientheit, die gewinnt. Das ist die Art von Material, die Amerika unter allen Nationen der Erde unverwechselbar gemacht hat. Dies ist die Art von Entschlossenheit, die uns einen Lincoln, einen Andrew Jackson, einen Edison, einen John Muir - all unsere großen Männer, geborene oder adoptierte Söhne - bescherte.

Könnte irgendjemand ein edleres Ziel haben als dieses - sein Leben sinnvoll zu gestalten? Man kann sich nicht vorstellen, dass es scheitern könnte, wenn man es nicht schafft, es zu verdienen.

Die Qualität der Ambitionen eines Volkes zu einem bestimmten Zeitpunkt zeigt, wo es in der Zivilisation steht. Die Ideale eines Individuums oder einer Nation messen die aktuellen Konditionen und die zukünftigen Möglichkeiten und Wahrscheinlichkeiten.

Das Problem vieler junger Menschen besteht darin, dass sie ohne einen konkreten Plan, ohne ein einziges unerschütterliches Ziel für den Erfolg, ohne ein lohnenswertes Ziel vor Augen beginnen. Sie suchen einfach nach einem Job. Vielleicht passt er zu ihnen, vielleicht auch nicht, und sie schuften gleichgültig vor sich hin, ohne Geist oder Ehrgeiz, der sie zu Höchstleistungen antreibt.

Es ist erstaunlich, wie viele Menschen es gibt, die kein bestimmtes Ziel oder keinen Ehrgeiz haben, sondern einfach nur von einem

Tag auf den anderen existieren, ohne einen klar definierten Lebens-
plan. Obwohl der große Weltkrieg viel dazu beigetragen hat, dass
sich unsere jungen Menschen ihrer Verantwortung bewusst geworden sind und ihre Ideale in die Höhe geschraubt haben, sehen wir
immer noch überall auf dem Ozean des Lebens junge Männer und
Frauen, die ohne Ruder oder Hafen ziellos umher treiben, die Zeit
vergeuden, ohne ernsthaftes Ziel oder Methode in allem, was sie
tun. Sie lassen sich einfach mit dem Strom treiben. Wenn Sie einen
von ihnen fragen, was er zu tun gedenkt, was sein Ziel ist, wird er
Ihnen sagen, dass er noch nicht genau weiß, was er tun wird. Er
wartet einfach nur auf eine Gelegenheit, etwas zu tun.

"Zwischen den großen Dingen, die wir nicht tun können, und den
kleinen Dingen, die wir nicht tun wollen, besteht die Gefahr, dass
wir nichts tun", sagt Adolphe Monod.

Für den Erfolg reicht es nicht aus, Fähigkeiten, Bildung und
Gesundheit zu haben. Hunderttausende haben all dies und scheitern dennoch oder leben in der Mittelmäßigkeit, weil sie sich nicht
in eine Haltung oder eine Kondition bringen, die es ihnen ermög-
licht, etwas zu erreichen. Ihre Fähigkeiten werden durch das Fehlen
eines großen Motivs, des Ansporns eines würdigen Ziels, benach-
teiligt.

"Das Wichtigste im Leben ist, ein großes Ziel zu haben und die
Begabung und Ausdauer zu besitzen, es zu erreichen", sagt Goethe.

Natürlich werden viele Menschen ohne eigenes Verschulden an
diesem Wettlauf gehindert, aber die überwiegende Mehrheit derjenigen, die aufhören zu klettern und aufgeben (oft direkt in Sichtweite ihres Ziels), tun dies aufgrund einer Schwäche oder eines
Mangels. Vielen von ihnen fehlt es an Zielstrebigkeit oder Ausdauer, anderen an Mut oder Entschlossenheit. Viele dieser Unglücklichen würden zumindest so etwas wie echten Erfolg haben, wenn
sie nur an ihren Aufgaben festhalten würden.

Wenn das Motiv groß genug ist, findet sich in der Regel auch die Fähigkeit, es zu erfüllen. Es gibt keinen von Ihnen, meine Freunde, der nicht wacher, origineller, erfinderischer, einfallsreicher, vorsichtiger, gründlicher, besonnener sein könnte; keinen von Ihnen, der nicht ein wenig mehr Urteilsvermögen, ein wenig mehr Voraussicht, ein wenig mehr Unterscheidungsvermögen an den Tag legen könnte, wenn Sie einen verlockenden Preis als Belohnung vor sich sehen.

"Was auch immer Ihr Ziel sein mag, seien Sie fair zu sich selbst. Hören Sie mit den Nebensächlichkeiten auf." Lassen Sie die Ablenkungen weg. Leben Sie mit und für Ihr großes Ziel. Lassen Sie alles andere fallen, um Ihr Ziel zu erreichen und Sie werden gewinnen - Sie werden sein und haben, was Sie wollen.

"Nehmen Sie eine Lektion im Beschneiden und schneiden Sie die nutzlosen Äste ab, die Lebenskraft verbrauchen und den Sonnenschein verdunkeln." Der Kartenclub, der das frühe Aufstehen behindert, die leichte Lektüre, die Sie von der Vorbereitung auf größere Dinge ablenkt, und alle anderen verschwenderischen Angewohnheiten. Haben Sie sie abgeschafft? Wenn nicht, dann liegt das daran, dass Sie die "große Sache" nicht so sehr wollen, dass Sie sie verdienen. Und Sie werden sie nicht bekommen, wenn Sie nicht die nutzlosen Gewohnheiten ablegen, die Ihre Energie ablenken und Sie von der großen Chance fernhalten.

"Erfolg im Leben ist ein Prozess der Selektion und Eliminierung - eine Wahl zwischen dem Wertlosen und dem Wertvollen. Um Zeit für die Dinge zu haben, die zählen, müssen Sie Zeit sparen, indem Sie alles andere eliminieren. Machen Sie es dem Athleten am Trainingstisch nach und ernähren Sie sich von dem, was Sie aufbaut und für den Kampf fit hält."

Wenn Sie nicht von einem großen Ziel inspiriert sind, von der festen Entschlossenheit, Ihr Leben sinnvoll zu gestalten, werden Sie keinen großen Eindruck auf die Welt um Sie herum machen. Der

Unterschied zwischen Quantität und Qualität des Erfolgs ist größtenteils eine Frage des Ehrgeizes und der Entschlossenheit. Wenn es Ihnen daran mangelt, müssen Sie sie mit Nachdruck und Ausdauer kultivieren, sonst werden Sie ein Niemand sein. Ich habe noch nie jemanden gekannt, der sich einen Platz in der Welt geschaffen hat, der seine Ziele nicht durch den ständigen Kampf um das Erreichen seiner Ziele am Leben erhalten hat. In dem Moment, in dem der Ehrgeiz nachlässt, verlieren wir die Kraft, die uns antreibt, und sobald unsere Antriebskraft weg ist, treiben wir mit dem Strom der Umstände.

"Der junge Mensch, der nicht nach oben schaut, wird nach unten schauen, und der Geist, der sich nicht erhebt, ist dazu bestimmt, zu kriechen."

Eine junge Stenografin sagte mir einmal, dass sie, wenn sie sich sicher sei, dass sie die Fähigkeit besäße, eine erfahrene literarische Stenografin zu werden, die Abendschule besuchen und nachts und in den Ferien lernen würde, um sich auf jede erdenkliche Weise zu verbessern; wenn sie aber überzeugt sei, dass sie niemals ein sehr hohes Tempo erreichen könne, würde sie sich einfach auf das normale Briefdiktat vorbereiten und es dabei belassen.

Sie schien nicht zu glauben, dass die bestmögliche Ausnutzung ihrer Fähigkeiten ihr eine entsprechend gute Position verschaffen würde oder dass die bestmögliche Ausbildung, die sie sich selbst zukommen lassen könnte, die bestmögliche Investition wäre, die sie tätigen könnte, und ihr unendliche Zufriedenheit verschaffen würde.

Je weniger Fähigkeiten Sie haben, mein junger Freund, desto wichtiger ist es, dass Sie das Bestmögliche daraus machen. Wenn Sie gezwungen sind, Ihren Lebensunterhalt zu bestreiten und, wie einige von Ihnen, eine Familie zu ernähren und ein Haus mit einem Talent zu bauen, müssen Sie sicherlich das Bestmögliche daraus machen und sich viel mehr anstrengen, als wenn Sie zehn Talente bekommen hätten.

KAPITEL VII: STELLEN SIE SICH EINE BES-SERE POSITION VOR

Ganz gleich, in welcher Branche Sie tätig sind oder welchen Beruf Sie ausüben, Ihr oberstes Ziel sollte es sein, darin einen Spitzenplatz zu erreichen. Die Liebe zur Exzellenz ist der Leitstern, der die Welt vorwärts führt. Sie ist es, die nicht nur den erfolgreichen Geschäftsmann oder Berufsmann ausmacht, sondern auch den rundum erfolgreichen Menschen in jeder Branche.

Andrew Carnegie sagte: "Ich würde keinen Pfifferling auf einen jungen Geschäftsmann geben, der sich nicht bereits als Partner oder als Kopf der Firma sieht."

Bleiben Sie keinen Augenblick bei dem Gedanken stehen, dass Sie der Chef, Vorarbeiter oder Manager eines Unternehmens sind, egal wie groß es ist. Sagen Sie sich jeden Tag: "Mein Platz ist weiter oben." Seien Sie König in Ihren Träumen. Schwören Sie, dass Sie diese Position mit ungetrübtem Ansehen erreichen werden, und machen Sie kein anderes Gelübde, das Ihre Aufmerksamkeit ablenkt.

Ich werde oft von jungen Menschen oder jungen Männern gefragt, ob ich glaube, dass sie wirklich genug in sich haben, um es im Leben zu etwas Besonderem zu bringen, etwas, das unverwechselbar oder wertvoll ist, und ich antworte: "Ja, das haben Sie. Ich weiß, dass Sie die Fähigkeit haben, erfolgreich zu sein, aber ich weiß nicht, ob Sie es werden. Das liegt ganz bei Ihnen. Wenn Sie die Energie und den Willen zum Erfolg haben, kann Sie nichts aufhalten. Aber wenn Sie das nicht haben, kann keine noch so gute Ausbildung, keine Anziehungskraft oder kein Einfluss, keine Macht auf Erden außerhalb Ihrer selbst Sie zum Erfolg drängen oder führen oder anspornen.

Nichts ist in Ihrem Leben so wichtig wie Ihre geistige Einstellung zu sich selbst, was Sie von sich selbst halten, das Modell, das Sie von sich selbst und Ihren Möglichkeiten haben. Wenn dieses Modell klein, eng und zwergenhaft ist, wird Ihr Leben dem entsprechen.

Sie müssen sich selbst über einem Angestelltenverhältnis sehen, sonst werden Sie nie mehr als ein Angestellter sein. Sie müssen sich in einer besseren Position sehen und ständig den festen Willen haben, diese zu erreichen, sonst werden Sie nie ankommen. Verwischen Sie niemals für einen Moment Ihr Motiv oder schwächen Sie Ihre Entschlossenheit, indem Sie Zweifel an Ihrer Fähigkeit hegen, Ihr Ziel zu erreichen. Jedes Mal, wenn Sie das tun , neutralisieren Sie gerade so viel von der Kraft, die Sie ans Ziel bringen würde.

Denken Sie daran, dass irgendwo eine Partnerschaft auf Sie wartet, wenn Sie groß genug und entschlossen genug sind und den Mut haben, sie anzunehmen. Wenn Sie das nicht tun, gibt es wahrscheinlich jemanden in Ihrer Nähe, der das tun wird, jemanden, der vielleicht nicht annähernd so gute Chancen hatte wie Sie. Und in den kommenden Jahren, wenn Sie diese Aufstiegschance nicht nutzen, werden Sie zweifellos über Ihr "Pech" schimpfen und sich fragen, wie Billy oder Johnny oder Jo, die neben Ihnen gearbeitet haben, die Partnerschaft oder die begehrte Position bekommen haben.

Ein Schriftsteller sagte kürzlich: "Mein Rat an alle, die gerade erst anfangen, den Weg des Lebens zu gehen, lautet: 'Fangen Sie nicht an, bevor Sie Ihr Ideal haben. Dann hören Sie nicht auf, bis Sie es haben.'"

Nur wenige von uns sind sich bewusst, wie sehr unser Wachstum von einem besonderen Anreiz abhängt. Jede Handlung muss einen Beweggrund haben. Außerhalb unserer automatischen Gewohnheitshandlungen tun wir nichts ohne ein zugrunde liegendes Motiv. Vielleicht ist das stärkste Lebensmotiv des Durchschnittsmenschen das, das seinem Wunsch entspringt, in der Welt aufzusteigen.

Es gab eine Kraft hinter Lincoln, die ihn von einer einfachen Hütte bis ins Weiße Haus trieb. Es gab eine Vision des Nordpols, die Peary heimsuchte, ihn mit dem Ehrgeiz erfüllte, bis an die äußerste Grenze der Erde zu klettern, und ihn schließlich, nach wiederholten Fehlschlägen, zum Pol trieb. Die gleiche unbezähmbare innere Kraft trieb den verachteten jungen Juden Benjamin Disraeli an, sich durch die unteren Klassen in England, durch die mittleren Klassen und durch die oberen Klassen nach oben zu arbeiten, bis er als selbsternannter Meister auf der obersten Stufe der politischen und sozialen Macht stand, als Premierminister des größten Landes der Welt.

Die Geschichte dieser Menschen ist im Grunde dieselbe wie die jedes Menschen, der Größe erlangt hat. Sie wurden von einem inneren Antrieb, dem sie nicht widerstehen konnten, ständig nach vorne und nach oben getrieben.

Dieser instinktive Impuls, immer weiter nach oben zu drängen, ist das Merkwürdigste und Interessanteste im menschlichen Leben. Er existiert in jedem normalen Menschen und ist genauso ausgeprägt und real wie der Selbsterhaltungstrieb. Von diesem Kletterinstinkt hängt das Schicksal der Spezies ab. Ohne ihn wären die Menschen immer noch Wilde, die in Höhlen und Hütten leben. Die Zivilisation, so wie wir sie kennen, würde nicht existieren. Es gäbe keine großen Städte, keine großen Fabriken, keine Eisenbahnen, keine Dampfschiffe, keine schönen Häuser oder Parks, keine Bilder, Skulpturen oder Bücher, wenn es nicht diesen geheimnisvollen Drang gäbe, den wir Ehrgeiz nennen.

Das beste Werk eines jeden Menschen geht über sich selbst hinaus und wird im Kampf um ein erhabenes Ideal vollbracht. Der

Künstler steht abseits und weist durch sein Werk auf einen Blick auf die universelle Kunst hin. In seinen inspirierten Momenten schmilzt die Individualität des Redners und verschmilzt mit dem alles durchdringenden Feuer der Beredsamkeit. Ob in der Kunst oder im Geschäftsleben, in der Wissenschaft oder bei den alltäglichen Aufgaben des Lebens, die Götter bewegen sich auf die Linie der absoluten Exzellenz zu oder sie überlassen uns unserem eigenen Schicksal.

Wir leisten unsere effektivste Arbeit in unserem Kampf, um das zu bekommen, was wir wollen, um das Ziel unserer Ambitionen zu erreichen. Unsere größte Anstrengung, unser größtes Bemühen, vollbringen wir, während wir aufsteigen, nicht nachdem wir unser Ziel erreicht haben. Das ist einer der Gründe, warum die Söhne reicher Männer selten großen persönlichen Erfolg haben. Ihnen fehlt das Motiv des notwendigen Aufstiegs, dieser gewaltige Drang, der Ansporn des Ehrgeizes, der uns antreibt, das zu erreichen, was wir uns wünschen und was wir zu erreichen imstande sind. Ehrgeiz ist der Anführer aller großen Leistungen. Er ist der Vorreiter, der vorangeht und den anderen Fähigkeiten den Weg ebnet.

Der Ehrgeiz ist jedoch nicht immer ein sicherer Wegweiser. Es gibt zwei Flügel des Genies. Gesunder Menschenverstand und ein gutes Urteilsvermögen müssen den Ehrgeiz begleiten, sonst läuft er oft mit einem Mann davon. Wir haben prächtige Maschinen gesehen, deren eiserne Finger Löcher durch massive Stahlplatten stanzen, ohne dass ein einziger Ruck zu hören ist. Die Maschinen vollbringen dieses Kunststück dank eines riesigen Unruhrads. Es sind die gespeicherte Kraft, die Geschwindigkeit und der Schwung, die es ihr ermöglichen, diese wunderbare Aufgabe zu bewältigen. Nimmt man das Unruhrad weg, fällt die Maschine, die ihre Arbeit so leicht macht wie ein Koch die Löcher in den ausgerollten Teig, in dem Moment in sich zusammen, in dem das Unruhrad entfernt wird. Das Unruhrad ist das Geheimnis. Das Urteilsvermögen ist das Gleichgewichtsrad des Menschen - sein gesunder Menschenverstand, sein Pferdeverstand. Sein Ehrgeiz wird mit ihm durchgehen, wenn er diesen nicht hat.

Der junge Mensch, der seine Fähigkeiten überschätzt, der sich zu weit vorwagt, der zu selbstsicher ist, dessen Selbstvertrauen nicht auf einer genauen Kenntnis seiner Fähigkeiten und Grenzen beruht, wird fast immer ins Verderben stürzen. Es ist genauso wichtig zu wissen, wofür Sie nicht qualifiziert sind, und es zu lassen, wie zu wissen, was Sie können, und es zu tun.

"Studieren Sie sich selbst", sagt Longfellow, "und vor allem, merken Sie sich gut, wo die gütige Natur Sie zu übertreffen gedachte."

Es braucht einen Riesen, um die Arbeit eines Riesen zu tun. Was ein Morgan oder ein Carnegie mit absoluter Leichtigkeit und Sicherheit tun würde, ist für Sie vielleicht genauso unmöglich zu erreichen, wie sich an den eigenen Stiefelschlaufen hochzuziehen. Andererseits sind Sie vielleicht in der Lage, etwas zu tun, was selbst ein Morgan nicht tun könnte. Studieren Sie Ihre eigenen Anpassungen. Versuchen Sie, sich ein Bild von Ihren Möglichkeiten zu machen.

Ein Mensch sollte frühzeitig eine Bestandsaufnahme seiner Fähigkeiten machen und sich selbst dort verorten, wo er hingehört. Wenn er nur ein Talent hat, sollte er nicht versuchen, mit einem Mann mit zehn Talenten zu trainieren. Er sollte einfach versuchen, das Beste aus seinem einen Talent zu machen.

Es ist unmöglich, ein Talent dazu zu bringen, die Arbeit von zehn Talenten zu erledigen, egal wie ehrgeizig oder wie viel Energie man in seine Arbeit stecken mag.

Ein großartiger Verstand macht eine große Sache leicht. Wir alle leisten unsere beste Arbeit, ohne uns zu überanstrengen. Es ist gefährlich, die eigenen Fähigkeiten zu überfordern.

Ich habe einen Lernenden gesehen, der sein Gehirn überfordert hat, bis er seine geistigen Kräfte ernsthaft geschädigt hat, weil er törichterweise versucht hat, seine Klasse zu leiten, obwohl er kein natürlicher Gelehrter war. Er schien zu glauben, dass er durch eine übermenschliche Anstrengung, indem er die ganze Zeit lernte, während andere spielten, in den Ferien und an Sonntagen, indem er immer weiter, weiter, weiter lernte, jedes Handicap überwinden konnte. Obwohl er es schaffte, seine Klasse fast anzuführen, erholte er sich nie ganz von den Auswirkungen der Überanstrengung seines Gehirns.

Es ist eine großartige Sache, wenn wir unsere Talente einschätzen können, wenn wir uns selbst so gut kennen, dass wir uns nur so viel vornehmen, wie wir in der Lage sind zu leisten, und nicht nach dem Unerreichbaren streben.

KAPITEL VIII: ENTTÄUSCHTER EHRGEIZ

Überall um uns herum sehen wir Menschen, die keinen besonderen Lebenswillen zu haben scheinen, keine große Begeisterung für irgendetwas; irgendwo in ihrem Leben gibt es eine große Enttäuschung. Warum sind sie so unglücklich?

Niemand verliert sein Interesse am Leben oder wird gleichgültig gegenüber seiner Arbeit, es sei denn, er wurde bei der Verwirklichung seines Ehrgeizes ausgebremst oder konnte aus irgendeinem anderen Grund nicht den richtigen Platz im Leben finden. Wo immer wir Unzufriedenheit, Unglücklichsein und Unruhe sehen, können wir sicher sein, dass die Person, die diese Konditionen aufweist, ein runder Pflock in einem eckigen Loch ist, oder dass sie ihre Träume nicht verwirklichen konnte. Aus irgendeinem Grund ist sein Herz um sein Ideal betrogen worden. Ein vereitelter Ehrgeiz scheint die ganze Natur aus ihrer normalen Umlaufbahn zu reißen.

Es gibt kein Leiden, außer Reue, das so fatal ist wie das, das aus dem Bewusstsein einer zerstörten Hoffnung, eines im Keim erstickten Strebens entsteht. Sich der Tatsache bewusst zu sein, dass man eine bestimmte Fähigkeit für eine bestimmte Berufung besitzt, und durch die Umstände gezwungen zu sein, Jahr für Jahr an eine Schinderei gekettet zu sein, die das Herz verabscheut, erfordert äußersten Mut. Das Gefühl zu haben, dass es unwahrscheinlich oder sogar unmöglich ist, jemals die große, hungrige Sehnsucht zu stillen, die im Herzen aufgestaut ist und es fast zum Bersten füllt, sich durch die müden Jahre zu schleppen und zu versuchen, fröhlich und hoffnungsvoll und hilfreich für die zu sein, die man liebt, und dennoch zu spüren, dass seine Hingabe an sie ihm das andere unmöglich gemacht hat, im Stillen eine Enttäuschung zu erleiden, die das Herz krank macht, ist die größte Prüfung für echte Männlichkeit oder Weiblichkeit.

Es ist sehr leicht, andere Menschen zu kritisieren, die nicht in der Welt aufgestiegen sind, wie wir es vielleicht getan haben; aber sie können im Vergleich zu uns Helden sein. Wir können nie sagen, welche Tragödien sich in ihren Herzen abspielen oder unter welchen Qualen enttäuschter Ehrgeiz und zerstörte Hoffnungen sie leiden mögen. Gezwungen zu sein, durch das Leben zu gehen, ohne irgendeine Möglichkeit, den großen Hunger der Seele zu stillen, die unendlichen Sehnsüchte des Herzens zu verwirklichen, ist eine Qual. Es gibt keine Entschädigung dafür, außer dem Gefühl der Pflicht gegenüber anderen, die gelitten hätten, wenn wir versucht hätten, unsere Ambitionen zu verwirklichen.

Ich kenne eine schöne Frau mit einer bezaubernden Persönlichkeit, die ein großes musikalisches Talent und eine hervorragende Stimme hat. Und doch wagt sie es kaum, das Thema Musik in Gegenwart ihres Mannes zu erwähnen, der schon bei der bloßen Andeutung, dass sie ihr wunderbares Talent entfalten könnte, in Leidenschaft ausbricht.

Alle ihre Freunde halten es für kriminell, dass sie ihre große Begabung nicht nutzt, aber sie sieht sich gezwungen, ihren Ehrgeiz zu unterdrücken. Ihr Ehemann, der zwar in der Lage ist, die Kosten zu tragen, will nicht, dass sie Unterricht nimmt oder irgendwelche Anstrengungen unternimmt, um dieses gottgegebene Talent zu verbessern. Das Ergebnis ist, dass das Leben dieser Frau in den Ruin getrieben wird.

Sie versucht, fröhlich zu sein und ihre Pflicht zu erfüllen, aber wer sie versteht, kann den langsamen Strangulationsprozess erkennen, der ihren Ehrgeiz untergräbt und ihre Gesundheit zerstört.

Kürzlich hörte ich durch einen Klavierhändler von einer anderen Frau mit großem musikalischen Talent, die mit dem ihr vererbten Geld ein wunderschönes, lang ersehntes Klavier gekauft hat. Ihr Ehemann machte ihr das Leben damit so unerträglich, dass sie es dem Hersteller zurückgab, der ihr in Anbetracht ihrer Lage großzügig das Geld zurückgab, das sie dafür bezahlt hatte.

Gibt es etwas Grausameres, als ein Talent zu erwürgen, das uns sowohl ewige Freude als auch Erfolg bringen sollte? Gibt es etwas Niederträchtigeres, als einen göttlichen Ehrgeiz zu ermorden, heilige Bestrebungen zu zerstören? Gibt es etwas Grausameres, als einen Menschen unglücklich zu machen, der eigentlich glücklich sein sollte, ihm jede Möglichkeit zu nehmen, das zu tun, wozu er geschaffen wurde? Und doch gibt es Tausende von Ehemännern, die so handeln und sich wundern, warum ihre Frauen nicht immer beschwingt sind und vor Lebendigkeit und Leben sprühen, warum sie nicht immer fröhlich, hoffnungsvoll und einfallsreich sind.

Viele Ehemänner wollen zu Hause nicht egoistisch sein und glauben wirklich, dass sie großzügig sind, aber ihre Gedanken sind so sehr auf sich selbst und ihren Ehrgeiz gerichtet, dass sie an ihre Frau nur in Bezug auf sich selbst denken können. Die höchste Liebe hingegen hat das höchste Wohl des Menschen im Sinn, nicht das eigene.

Ehrgeiz macht oft blind für die Gerechtigkeit.

Es gibt nichts Bedauernswerteres, als zu sehen, wie ein Mensch einem unmäßigen, selbstsüchtigen Ehrgeiz zum Opfer fällt, um jeden Preis voranzukommen, um Ruhm, Berühmtheit oder Vergnügen zu erlangen, ganz gleich, wer dabei geopfert wird.

Viele Frauen verstehen es auf wunderbare Weise, ihren Kummer zu verbergen und ihre Enttäuschung zu überspielen, aber eine solche Enttäuschung kann das ganze Leben beeinträchtigen.

Es ist so entmutigend und entmutigend, wenn man gezwungen ist, die ersehnte Karriere aufzugeben, dass man sich nie ganz von diesem Schock erholt. Überall sehen wir diese ausgebrannten Hüllen von Menschen, die ihres normalen Strebens beraubt wurden. Sie sind ehrgeizlose, ruhelose, ineffektive Schwächlinge, bloße Pygmäen ihres möglichen Selbst.

Ella Wheeler Wilcox gibt einige weise Ratschläge, die der unzufriedene und unglückliche Mann oder die unglückliche Frau, deren Ehrgeiz durchkreuzt wurde, mit Vorteil beherzigen kann.

"Verschwenden Sie Ihre Lebenskraft nicht damit, Ihr Leben zu hassen, sondern finden Sie etwas darin, das Sie mögen und genießen können, während Sie unablässig daran arbeiten, es zu dem zu machen, was Sie sich wünschen", sagt sie. "Freuen Sie sich jeden Tag über etwas, denn das Gehirn ist ein Gewohnheitstier, und Sie können ihm nicht beibringen, in einem Moment glücklich zu sein, wenn Sie ihm jahrelang erlauben, unglücklich zu sein."

Die Überzeugung, dass Sie zu einem bestimmten Zweck auf der Welt sind, dass Sie hier sind, um zu helfen, dass Sie eine Rolle zu spielen haben, die niemand für Sie übernehmen kann, weil jeder andere seine eigene Rolle im großen Lebensdrama auszufüllen hat, ist ein starkes Stärkungsmittel. Wenn Sie Ihre Rolle nicht spielen, wird etwas fehlen, ein Mangel in der Inszenierung. Niemand erreicht jemals viel, bevor er nicht diesen Druck spürt - dass er geschaffen wurde, um etwas Bestimmtes in der Welt zu erreichen, um eine bestimmte Rolle auszufüllen. Dann scheint das Leben eine neue Bedeutung zu bekommen.

"Nur wenige von uns", sagt Sir John Lubbock, "erkennen die wunderbaren Privilegien des Lebens, die Segnungen, die wir erben, die Herrlichkeiten und Schönheiten des Universums, die uns gehören, wenn wir es so wollen, das Ausmaß, in dem wir uns zu dem machen können, was wir sein wollen, oder die Macht, die wir besitzen, um Frieden zu sichern und über Schmerz und Leid zu triumphieren."

Wir gehen durch das Leben, die Augen fest auf ein weit entferntes Ziel gerichtet, und strengen jeden Nerv an, um es zu erreichen.

Auf unserem Weg passieren wir unzählige Gelegenheiten, anderen über raue Stellen hinwegzuhelfen, das alltägliche Leben zu erhellen und zu verschönern. Aber wir nehmen sie nicht wahr.

Der Mensch wurde geschaffen, um zu wachsen, um Frieden, Ausgeglichenheit und Zufriedenheit zu erreichen.

Der Ehrgeiz, ein Mensch zu sein, für mehr in der Gemeinschaft einzutreten, unseren Horizont immer weiter von uns wegzuschieben, jeden Tag ein wenig höher zu denken, ein wenig mehr von uns selbst zu halten, ein wenig mehr Vertrauen in uns selbst und in alle anderen zu haben, der Ehrgeiz, in der Welt wirklich von Nutzen zu sein, ist ein Ehrgeiz, der des von der Natur geschaffenen Menschen würdig ist, und kann dem Einzelnen nur Glück bringen.

Im weißen Licht der Geschichte, vor dem Tribunal der Gerechtigkeit, werden wir nicht nach dem beurteilt, was wir zu sein scheinen oder erreicht haben, sondern nach dem, was wir sind und nach dem, was wir zu tun versucht haben.

Vor diesem Tribunal, gegen das es keine Berufung gibt, werden viele Misserfolge als Erfolge anerkannt und viele Erfolge als Misserfolge gewertet werden.

Es wird leicht sein, die Geschichte eines Jungen zu finden, der auf dem Bauernhof geblieben ist und geholfen hat, die Hypothek zu bezahlen , der seinen Ehrgeiz unterdrückt hat, damit der Lieblingsbruder aufs College geschickt werden konnte, und dadurch einen viel größeren Erfolg erzielt hat als derjenige, für den das Opfer gebracht wurde.

Das Mädchen, das seine Sehnsucht nach einer höheren Bildung unterdrückte oder die Aussicht auf eine Heirat und ein eigenes Heim opferte, um sich um seine alten Eltern zu kümmern, und das außerhalb seines kleinen Freundeskreises nicht bekannt war, kann seinen Namen auf der Ehrentafel viel höher eintragen lassen als den der Schwester, die aufs College ging oder eine große Autorin, Musikerin, Künstlerin oder Schauspielerin wurde.

In unvergänglichen Schriftzeichen werden auf der Erfolgsliste Namen stehen, die den meisten von uns unbekannt sind, die Namen derer, die im Leben eine bescheidene Rolle gespielt haben; die unbekannten Arbeiter für die Menschheit, die heldenhaften Leidenden - einige blind, andere verkrüppelt oder durch den Verlust von Händen oder Füßen behindert oder von unheilbaren Krankheiten gequält -, die mit einer Tapferkeit, die der der alten Märtyrer gleichkam, die Lasten des Lebens auf sich genommen und tapfer das Beste aus den Kräften und Möglichkeiten gemacht haben, die ihnen der Allmächtige verliehen hatte.

KAPITEL IX: WARUM FANGEN SIE NICHT AN?

Wann wollen Sie die wunderbaren Dinge tun, von denen Sie geträumt haben? Warum fangen Sie nicht an? Worauf warten Sie noch? Warum fangen Sie nicht an? Warten Sie darauf, dass eine "gute Sache" zu Ihnen kommt, warten Sie auf Einfluss, auf Anziehungskraft, auf jemanden, der Ihnen hilft?

Wissen Sie, dass nichts demoralisierender für das Leben und schwächender für den Charakter ist, als ständig zu wünschen und von großen Dingen zu träumen, die wir tun werden, ohne uns entsprechend zu bemühen, unsere Träume zu verwirklichen? Das Wünschen ohne entsprechendes Bemühen um die Verwirklichung degeneriert den Geist und zerstört die Initiative.

Wie viele Menschen gaukeln sich vor, dass sie, wenn sie weiterhin danach streben, ihre Ideale zu verwirklichen, ihre Ambitionen zu erreichen, ihre Träume ohne jede weitere Anstrengung auch tatsächlich verwirklichen werden! Sie scheinen nicht zu wissen, dass es so etwas wie ein zu starkes Streben gibt, dass die Gewohnheit, zu träumen, einem schadet.

Unsere Visionen sind die Pläne der möglichen Lebensstruktur. Aber sie bleiben nur Pläne, wenn wir sie nicht beharrlich und mit Nachdruck verfolgen, um sie zu verwirklichen, so wie die Pläne des Architekten in seinen Zeichnungen enden, wenn der Bauherr sie nicht weiterverfolgt und verwirklicht.

Drei Dinge müssen wir tun, um unsere Träume wahr werden zu lassen. Visualisieren Sie unseren Wunsch. Konzentrieren Sie sich auf unsere Vision. Arbeiten Sie daran, sie in die Tat umzusetzen. Die dafür notwendigen Werkzeuge befinden sich in uns, nicht im Außen. Unabhängig von den Zufällen der Geburt oder des Schicksals gibt es nur eine Kraft, mit der wir unser Leben materiell gestalten können - den Geist.

Alle Menschen, die Großes vollbracht haben, waren Träumer, und was sie erreicht haben, stand im Verhältnis zu der Lebendigkeit, der Energie und der Beharrlichkeit, mit der sie sich ihre Ideale vorstellten, an ihren Träumen festhielten und dafür kämpften, sie zu verwirklichen.

"Das größte Übel des jungen Menschen, der heute in die Geschäftswelt eintritt, ist der Mangel an Einsatz, Vorbereitung, Gründlichkeit, mit Ehrgeiz, aber ohne die Bereitschaft zu kämpfen, um sein gewünschtes Ziel zu erreichen", sagt Theodore N. Vail.

Es ist eine Sache, die Fähigkeit und den Wunsch zu haben, etwas Besonderes, etwas Individuelles zu tun, aber es zu tun, ist eine ganz andere Sache. In der großen Versagerarmee von heute gibt es eine enorme Menge an unproduktiven Fähigkeiten. Warum haben die Menschen, die sie haben, nicht etwas aus sich gemacht? Viele dieser Menschen könnten wohlhabende, erfolgreiche Menschen sein, die in ihrer Gemeinde Ansehen genießen, anstatt Bettler in der Schlange zu sein. Sie hatten die Möglichkeit, Gutes zu tun. Warum haben sie es nicht getan?

Es ist gut, wenn wir uns hin und wieder fragen, ob wir etwas Gutes tun, ob wir das Beste aus unseren Möglichkeiten machen, ob es mit uns aufwärts oder abwärts geht. Oliver Wendel Holmes sagt, dass es nicht so sehr darauf ankommt, wo wir stehen, als vielmehr auf die Richtung, in die wir uns bewegen.

In welche Richtung bewegen Sie sich?

Es gibt heute Tausende von Menschen in diesem Land, die großartige Ambitionen haben, die sich vorgenommen haben, diese Ambitionen zu verwirklichen, die aber Opfer von Zweifeln sind, die sie davon abhalten, den Anfang zu machen. Sie warten einfach ab. Sie sind nicht in der Lage, einen Anfang zu machen, solange dieses Ungeheuer vor der Tür ihres Vorsatzes steht. Sie haben Angst, ihre Brücken hinter sich abzubrechen und sich ihrer Aufgabe zu widmen.

Gleich zu Beginn Ihrer Karriere ist es eine großartige Sache, sich vorzunehmen, dass Sie ein Eroberer im Leben sein werden, dass Sie der König Ihres geistigen Reiches sein werden und nicht der Sklave eines verräterischen Feindes; dass Sie den klügsten Weg wählen werden und, egal wie abschreckend oder furchterregend die Schwierigkeiten auf dem Weg sind, die Abzweigung nehmen werden, die zum Ziel Ihrer Ambitionen führt, egal wer oder was Ihnen den Weg versperrt. Lassen Sie nicht zu, dass Zweifel Ihre Bemühungen behindern. Lassen Sie nicht zu, dass er Ihren Anfang lähmt und Sie zu einem Ferkel macht, so dass Sie sich nicht einmal halbwegs anstrengen, wenn ein Riese in Ihnen wartet. Zuversicht, Selbstvertrauen, Selbstglaube - das sind die großen Freunde, die den Verräter Zweifel töten werden.

Die Tatsache, dass Sie einen fast unkontrollierbaren Impuls, einen großen, alles verschlingenden Ehrgeiz haben, eine Sache zu tun, die von Ihrem Urteilsvermögen und Ihrem besseren Selbst gebilligt wird, ist ein Hinweis für Sie, dass Sie die Sache tun können und sie sofort tun sollten.

Haben Sie keine Angst davor, Verantwortung zu übernehmen. Entscheiden Sie sich dafür, dass Sie jede Verantwortung übernehmen, die sich Ihnen im Laufe Ihrer legitimen Karriere stellt, und dass Sie sie ein wenig besser ertragen werden, als es jemals ein anderer getan hat. Es gibt keinen größeren Fehler auf der Welt als den, die gegenwärtige Verantwortung aufzuschieben, in dem Glauben, dass wir später besser darauf vorbereitet sein werden. Es ist die Annahme dieser Positionen, wenn sie auf uns zukommen, die uns darauf vorbereitet. Denn wir können nichts von Bedeutung leicht und effektiv tun, bevor wir es nicht so oft getan haben, dass es zur Gewohnheit wird.

Wie oft hören wir Menschen Bemerkungen wie diese machen: "Ich weiß, dass ich diese Sache heute tun sollte, aber ich glaube nicht, dass ich es tun werde" oder "Ich habe keine Lust". Also zögern sie es vielleicht hinaus oder lassen die Sache auf sich beruhen und tun genau das Gegenteil von dem, von dem sie wissen, dass sie es tun sollten.

Wenn diejenigen, die von dem, was sie bisher erreicht haben, enttäuscht sind, sich nur dazu entschließen würden, sich einen Monat lang zu zwingen, die Dinge zu tun, die sie nicht mögen, von denen sie aber wissen, dass sie gut für sie sind, würden sie einen neuen Anfang auf dem Weg zum Erfolg machen, sich selbst und ihre Möglichkeiten in den Griff bekommen. Ihr ganzes Arbeitssystem würde den daraus resultierenden Schwung spüren.

Von der Entschlossenheit, das zu tun, was für Sie am besten ist - egal wie unangenehm, egal wie demütigend, egal wie sehr Sie unter Empfindlichkeiten oder einem Gefühl der Unvorbereitetheit leiden - hängt die Entwicklung Ihrer Männlichkeit oder Weiblichkeit ab.

Warum sollten Sie Angst davor haben, große Dinge von sich selbst zu verlangen? Bejahen Sie Ihre Fähigkeit zu tun und zu sein, und Kräfte, von denen Sie nie geträumt hätten, dass Sie sie besitzen, werden Ihnen zu Hilfe eilen. "Vertrauen Sie sich selbst. Jedes Herz schwingt an dieser eisernen Schnur."

Es gibt niemanden, der die Tür zu einem legitimen Ziel, zu einem größeren, erfüllteren Leben, schließen kann, außer Ihnen selbst. Es gibt keine Hindernisse, keine Schwierigkeiten, keine Macht auf Erden, nichts außer Ihnen selbst, das das Versprechen ungültig machen könnte: "Siehe, ich habe eine offene Tür vor dich gestellt, die niemand zuschließen kann."

Wir alle sind Kraftreservoirs, und was wir aus uns machen, was wir im Leben erreichen, hängt nicht von den äußeren Dingen ab, sondern davon, inwieweit wir aus unseren verborgenen Kräften, unseren verborgenen Talenten und Ressourcen schöpfen.

Was immer uns im Leben begegnet, erschaffen wir zuerst in unserer Mentalität. So wie das Gebäude in all seinen Details im Geist des Architekten Realität ist, bevor ein Stein oder Ziegelstein gelegt wird, so erschaffen wir im Geist alles, was später in unserer Leistung Realität wird. Unsere Herzenssehnsüchte, unsere seelischen Sehnsüchte sind mehr als bloße Ausgeburten der Phantasie. Sie sind Prophezeiungen, Vorhersagen, Boten, Vorboten von Dingen, die Wirklichkeit werden können.

Halten Sie sich das Bild, den Plan des Mannes oder der Frau vor Augen, der oder die Sie sein wollen, und halten Sie an Ihrem mentalen Plan einer glorreichen Zukunft fest. Geben Sie in Ihren entmutigten Momenten nicht auf und lassen Sie nicht zu, dass irgendein Hindernis Ihre Ideale verwischt. Vergegenwärtigen Sie sich immer wieder den idealen Mann, der Sie sein wollen, und stellen Sie sich immer so vor, wie Sie es werden wollen. Diese mentale Einstellung wird Ihnen helfen, Ihren Traum mit seiner Realität in Einklang zu bringen. Es liegt eine magnetische, anziehende Kraft in einem solch mächtigen Ziel, im Festhalten an einem unerschütterlichen Ziel. Diese Art von geistiger Einstellung und Anstrengung wird die Beziehung zwischen Ihnen und der Sache, die Sie anstreben, herstellen.

ENDE

BUCHTIPPS

Das transzendentale Gesicht der Welt
Der Zusammenhang zwischen Physis und Psyche. Autor: Valier, Max. In dem Buch „Das transzendentale Gesicht der Welt" geht es um eine bisher unbekannte Wellengattung, die psychophysische Welle, welche eine Verbindung der physischen mit der psychischen Welt darstellt. Um ein volles Verständnis der dargelegten Experimente zu bekommen, welche die Existenz der psychophysischen Welle bestätigen, führt der Verfasser den ...

Der Spiritismus
In Neusatz und aktueller Rechtschreibung. Autor: du Prel, Carl. Der Spiritismus ist ohne Zweifel die paradoxeste aller Wissenschaften und er wird es wohl noch lange bleiben. Das liegt offenbar nur daran, dass ihm alle verbindenden Fäden mit dem, was heute als Wissenschaft anerkannt ist, zu fehlen scheinen, ja dass er der heutigen Wissenschaft zu widersprechen scheint. In ...

Die Hypnose und die Hypno-Narkose
Für Medizin-Studierende, Praktische und Fachärzte. Autor: Friedländer, Adolf Albrecht. Die Hypnose ist ein auf künstlichem Weg herbeigeführter Schlafzustand. Einen solchen kann man auch durch Medikamente erzeugen. Gelingt es ohne Medikamente, hat das gewisse Vorteile für den Patienten. Der durch Hypnose bewirkte Schlaf unterscheidet sich vor allem dadurch, dass an Stelle der chemischen Ursache eine von Mensch zu ...

Persönliche Anziehungskraft und psychische Beeinflussung
15 Lektionen zum Thema Gedankenkraft, Konzentration und Willenskraft. Autor: Atkinson, William Walker. Das, was wir als persönlicher Anziehungskraft bezeichnen, ist der subtile Strom von

Gedankenwellen oder Gedankenschwingungen, die vom menschlichen Geist ausgestrahlt werden. Jeder Gedanke, der von unserem Geist erschaffen wird, ist eine Kraft von mehr oder weniger großer Intensität, die je nach dem Impuls, der ihm ...

Praktisches Gedankenlesen

Ein Kurs mit praktischer Unterweisung zur Gedankenübertragung. Autor: William Walker, Atkinson. Fast jeder hat in seinem Leben schon einmal Erfahrungen mit Gedankenlesen oder Gedankenübertragung gemacht. Fast jeder hat die Erfahrung gemacht, dass er sich in der Gesellschaft einer Person befindet und einer eine Bemerkung macht, woraufhin der andere etwas erschrocken ausruft: „Das wollte ich auch gerade sagen" ...

Vom Jenseits der Seele

Die Geheimwissenschaften in kritischer Betrachtung. Autor: Dessoir, Max. „Es mag der ... Psychologie unendlich schwer fallen, in Gebiete sich zu dehnen, die verständlich werden nur vom Standpunkt eines wirklichen Transzendent-Seelischen, eines von der traditionellen Auffassung sich diametral abhebenden Seelischen und den Sprung zu wagen in einen Dualismus der Phänomene, die sich (zunächst) konträr gegenüber stehen. Das mag ...

Wissenschaftliche Parapsychologie

Autor: Driesch, Hans. Mit den »mystischen«, »irrationalen« Neigungen hat die Parapsychologie gar nichts zu tun. Sie ist Wissenschaft, ganz ebenso, wie Chemie und Geologie Wissenschaften sind. Unmittelbar »schauen« tut sie gar nichts, sie arbeitet positivistisch und induktiv. Sie findet Typen oder Formen des Weltgeschehens wie jede andere Wissenschaft; ihre Arbeit ist durchaus »rational«. Die Parapsychologie steht ...

https://Leseproben.net oder https://ToppBook.de